L'Aventuri di Alicia en Marvelia

L'Aventuri di Alicia en Marvelia

Alice's Adventures in Wonderland in Ido

Da

Lewis Carroll

ILUSTRURI DA

JOHN TENNIEL

IDO-TRADUKURO DA

GONÇALO NEVES

evertype

2020

Publikigita da/*Published by* Evertype, 19ᴀ Corso Street, Dundee, ᴅᴅ2 1ᴅʀ, Scotland / Skotia. *www.evertype.com*.

Originala titulo/*Original title*: *Alice's Adventures in Wonderland*.

Tradukuro/*Translation* © 2020 Gonçalo Neves.
Prefaco/*Preface* © 2020 Gonçalo Neves.
Ica edituro/*This edition* © 2020 Michael Everson.

Cedulo bibliografial por ica libro es disponebla en la Britaniana Biblioteko.
A catalogue record for this book is available from the British Library.

ISBN-10 1-78201-281-8
ISBN-13 978-1-78201-281-8

Kompostita per De Vinne Text, Mona Lisa, ᴇɴɢʀᴀᴠᴇʀꜱ' ʀᴏᴍᴀɴ, e *Liberty* da Michael Everson.
Typeset in De Vinne Text, Mona Lisa, ᴇɴɢʀᴀᴠᴇʀꜱ' ʀᴏᴍᴀɴ, *and Liberty by* Michael Everson.

Ilustruri/*Illustrations*: John Tenniel, 1865.

Kovrilo/*Cover*: Michael Everson.

Prefaco

Lewis Carroll es plum-nomo: Charles Lutwidge Dodgson esis la reala nomo dil autoro, olima matematikala lektoro che Christ Church, Oxford. Dodgson komencis la rakonto ye la 4ma di julio 1862, dum pasajar en rembatelo sur fluvio Thames an Oxford, ensemble kun reverendo Robinson Duckworth, kun Alice Liddell (lore evanta dek yari), la filiino dil dekano di Christ Church, e kun elua du fratini, Lorina (lore evanta dek e tri yari) ed Edith (lore evanta ok yari). Quale klare indikesas en l'introdukta poemo, la tri pueri pregis Dodgson rakontar ulo, ed il, unesme nevolunte, komencis naracar a li l'unesma versiono dil rakonto. Esas multa mi-celita aludi pri ca kin personi tra la tota texto di la libro, qua fine publikigesis en 1865.

Ido od Idolinguo es linguo auxiliara di qua l'origino koincidas kun la labori da Délégation pour l'adoption d'une langue auxiliaire internationale, fondita en 1901 da Louis Couturat (1868–1914), Franca logikisto, matematikisto e filozofo, e da Léopold Leau (1868–1943), Franca matematikisto, qui remarkabis la linguala problemi inkombranta plura kongresi internaciona lor la Mondal Expozo en Paris, en 1900. En junio di 1907 la Delegitaro nominis komitato de eminenta reprezentanti di plura grava linguo-grupi, vizante l'adopto di linguo auxiliara kapabla kontentigar precipue la bezoni di cienco, komerco, industrio e turismo. La sekretarii dil Komitato esis Couturat e Leau ipsa, qui dume kompozabis *Histoire de la langue universelle* (1903) e *Les nouvelles langues internationales* (1907), til nun esencala verki pri la historio di lingui auxiliara.

En oktobro 1907 la Komitato havis dek e ok kunsidi en Paris, dum qui ol analizis plura lingui auxiliara antee publikigita o specale prizentita por l'okaziono. Un del projeti, sat remarkinda, e signatita da Ido (pseudonimo fondita sur Esperanto-vorto signifikanta "decendanto"), ne esabis prizentita al Komitato antee. La Komitato decidis selektar Esperanto sub la rezervo di modifiki facenda segun l'Ido-projeto. Pose, Louis de Beaufront (1855–1935), Franca Esperanto-pledanto e la precipua responsero pri olua difuzeso en ocidental Europa, konfesis esar l'autoro dil projeto, qua esis ulsorta transakto inter Esperanto ed Idiom Neutral, la du precipua lora lingui auxiliara, ma posa explori montris ke Couturat ipsa pleis konsiderinda rolo en olua konceptado ed elaborado.

Inter 1908 e 1914, per la kontributi e propozi da multa experti de plura landi, la nova linguo probesis en la revuo *Progreso*, fondita e redaktata da Couturat. En 1914, kande la revuo interruptesis pro la morto di Couturat e l'erupto dil duesma mondo-milito, la linguo atingabis preske la formo quan ol havas nun.

Segun quante me savas, l'unesma fragmento di *Alicia* tradukita ad Ido esis du paragrafi ek Chapitro I, en qua la Cheshirana Kato, sidanta sur arboro, montras ad Alicia la sequenda voyo. Ol publikigesis en *Progreso*, en julio di 1932 (n-ro 90, p. 150), kom introdukta parto di artiklo ek *The New York Times*, tradukita da Franko Verama, pseudonimo di Alphonse Matejka (1902–1999), un del maxim eminenta lora

Idisti (pose transirinta ad Occidental, naturalista linguo auxiliar unesme publikigita en 1922). En 2011 la Ido-revuo *Gazuyi* (n-ro 1, p. 16–17) publikigis cirkume duimo de Chapitro VII, sub la titulo "Fola Te-Repasto", tradukita multa yari antee da Tom Wood e rekuperita de Interreto dal redaktero Lenadi Moucina. Ica partala tradukuro probable produktesis en la 90a yari, nam Bebson Takata, en mesajo adresizita a Wood ed aparinta en la Yahoo-listo IDOL ye 1998/05/25, skribis "Me dezirus lektar la tota tradukuro di Alice in the Wonderland".

Mea traduko-projeto komencis en 2012, kande me tradukis l'unesma sis chapitri, ma fine di ta yaro me haltis, e ne plusa chapitri tradukesis til 2019, kande me rezolvis riprenar la tasko. Dume, Chapitro I aparabis en 2013 en *Progreso* (n-ro 355, p. 9–18), lore redaktata da Hans Stuifbergen, ed itere en 2015, en la 6ma e lasta numero di *La Plumo Idala* (p. 7–20), literaturala Ido-revuo qua esabis redaktata ed editata da Tiberio Madonna de pos 2013.

Quale expektebla, la maxim granda problemo quan me renkontris dum mea traduka laboro esis la vorto-ludi. Ido, esante idiomo pasable fonetikal, indijas monoradika homofoni, do kalemburo quala *tale / tail* ("rakonto" / "kaudo") es tote neposibla en la linguo di la Delegitaro. Tamen Ido havas sat granda quanto de biradika homofoni, quala *kolego*, qua es interpretebla kom *kol + eg + o* o *koleg + o*, o quala *sentema*, interpretebla kom *sent + em + a* o *sen +tem+ a*. Pluse, Ido disponas anke konsiderinda nombro de quaza bivorta homofoni: yen traito qua tre plezis ad Andreas Juste (1918–1998), Belga advokato e la maxim magna Ido-skriptero tilnuna, en la poemi di qua on trovas amuziva kalemburi quala *verd akuzi / verda kuzi* o *subversi / sub versi*. E precize per ta municiono, advere ne tre bunta ma certe explotinda, me audacis afrontar omna defii e desfacilaji di ca ardua traduko-tasko! En multa kazi, dum mea traduka laborego, me produktis plura versioni dil sama vorto-ludi en Ido (precipue dil kalemburo *tale / tail*), ma vu evidente trovos hike nur un versiono, ne sempre la maxim recenta, ma espereble la maxim amuziva e la minim formal...

Koncerne la vortaro, vu trovos en ica Ido-tradukuro nur sis neoficala vorti, nome, *quoniam* (11-foye), *nexta* (6-foye), *lorio* (6-foye), *nargileo* (5-foye), *reprografal* (nur unfoye, sur la kopiyuro-pagino) e *reverendo* (nur unfoye, en ica prefaco). La du unesma, sat konocata, divenas sempre plu ofta, adminime en stilo literatural, e l'atencema lektero espereble remarkos ke me uzis *quoniam* nur en la naraco, ma ne en la dialogi, ube me rekursis a *pro ke* vice ol. Le cetera signifikas, rispektive: "papagayo habitanta Australia ed apuda insuli e nutranta su per nektaro", "orientala pipo konsistanta ek vazo plena de parfumizita aquo, quan la fumuro trairas ante arivar al boko tra longa flexebla tubo", "relatanta reprografo, t.e. la riprodukto di dokumento per irga moyeno" e "titulo di Anglikana sacerdoto". Altra interesiva vorto es *bathing machine* (G *Badekarre*, R *купальная машина*), trovebla en Chapitro II, e di qua me ne savas l'equivalanto mem en mea matrala linguo (la Portugalana). Segun *The Annotated Alice* (150th Anniversary Deluxe Edition, 2015, p. 28) da Martin Gardner, per ta vorto on aludis "mikra individual kabaneti rotizita, [...] tirebla da kavali aden la maro til la profundeso dezirata dal balnero, qua lore diskrete ekiris tra pordo apertebla vers la maro". Multa Angla vorto-libri del komenco dil pasinta yarcento ne plus inkluzas la vorto, qua evidente divenis obsoleta, ma en la plu tarda Angla-Ido-lexiko da Luther H. Dyer (1924) on ankore povas lektar *"bathing machine*: balno-charo". Anke en *Progreso*, mem plu tarde (1937, n-ro 117. p. 55), me renkontris la vorto en yena frazo: "En 1933 me vizitis urbeto an la norda litoro di Hispania. Ne esis vakancala loko; ne existis balno-chari o tendi, nula promeneyo, nula amuzi." (Artiklo da Ch. Ward, tradukita da

H. McFrane). Do es nul dubito pri quale ica ekmoda vorto es tradukenda ad Ido.

La parodia poemi e la granda quanto de subtil aludi kultural qui es dissemita tra la tota verko da Carroll esis plusa obstaklo quan me mustis vinkar. Dum agar lo, me penis konstante memorar la skopo-publiko di ca tradukuro. Pro to mea versiono ne sempre es vortopa, e vu renkontros hike, exemple, kelka parodia parti del Ido-himno kompozita dal Sueda dentisto e poeto Sten Liljedahl (1871–1924), same kam aludi pri ULI e mem pri la Germana sacerdoto Johann Martin Schleyer (1831–1912), l'autoro di Volapük, l'unesma auxiliara linguo pardevelopita. Fakte, me esforcis uzar omna disponebla moyeni, por igar ica tradukuro maxim posible amuziva, espritoza ed atraktiva.

Me esas tre gratitudoza a Partaka, konocata Ido-skriptero Valenciana, ilqua revizis l'unesma chapitri en 2012 e la tota tradukuro en 2020 (inkluze ica tradukuro dil Angla-lingua prefaco), a Brian E. Drake, produktiva skriptero Usana en la Angla ed Ido, ilqua paciente revizis la tota tradukuro, komparante ol al originalo, e kontrol-lektis la prefaco, polisante mea Angla linguo, ed a Michael Everson, ilqua facis profitinda sugesti dum kompostar la manuskripto. L'interveno da Partaka es videbla en plura detali quin me chanjis segun lua instrucioni, inkluze kelka versi en la prikrokodila poemo en Chapitro II, e la kontributaji da Brian, dissemita tra la tota verko, amontas a plu kam cent, inkluze kelka util detali pri vorto-ludi.

Gonçalo Neves
Oktobro di 2020

Foreword

Lewis Carroll is a pen-name: Charles Lutwidge Dodgson was the author's real name and he was lecturer in Mathematics in Christ Church, Oxford. Dodgson began the story on 4 July 1862, when he took a journey in a rowing boat on the river Thames in Oxford together with the Reverend Robinson Duckworth, with Alice Liddell (ten years of age) the daughter of the Dean of Christ Church, and with her two sisters, Lorina (thirteen years of age), and Edith (eight years of age). As is clear from the poem at the beginning of the book, the three girls asked Dodgson for a story and reluctantly at first he began to tell the first version of the story to them. There are many half-hidden references made to the five of them throughout the text of the book itself, which was published finally in 1865.

Ido (/ˈiːdoʊ/) or Idolinguo is a conlang (constructed language) which had its origin in the work of the Délégation pour l'adoption d'une langue auxiliaire internationale, founded in 1901 by Louis Couturat (1868–1914), a logician, mathematician, and philosopher, and Léopold Leau (1868–1943), a mathematician, both French, who had noted the language problems arising in several international congresses held during the 1900 World's Fair in Paris. In June 1907 the Delegation appointed a working committee of eminent representatives of several important language groups with the goal of adopting a conlang capable of serving mainly the needs of science, commerce, industry and tourism. The Secretaries of the Committee were Couturat and Leau themselves, who had in the meanwhile been the authors of *Histoire de la langue universelle* (1903) and *Les nouvelles langues internationales* (1907), which remain a must in the history of conlangs till now.

In October 1907 the Committee held 18 meetings in Paris, during which they analysed several conlangs already published or presented *ad hoc*. Among the projects there was a remarkable one, signed by Ido (a pseudonym based on an Esperanto word meaning "offspring"), which had not been presented to the Committee before. The Committee decided to choose Esperanto with the reservation that modifications should be adopted according to the Ido project. Later on, Louis de Beaufront (1855–1935), a French advocate of Esperanto and the main person responsible for its early diffusion in western Europe, confessed to being the author of the project, which was a kind of trade-off between Esperanto and Idiom Neutral, the two most important conlangs of the time, but further studies showed that Couturat himself had played a major role in its conception and elaboration.

Between 1908 and 1914, through the contributions and inputs by many experts from several countries, the new language was put to the test in the magazine *Progreso*, founded and edited by Couturat. In 1914, when the magazine was interrupted by the death of Couturat and the eruption of World War II, the language had nearly reached the form it has now.

According to my knowledge, the first fragment of *Alice* translated into Ido were two paragraphs from Chapter VI, in which the Cheshire Cat, sitting on a tree, shows Alice the direction she should follow. They were published in *Progreso*, July 1932 (№ 90, p. 150), as an introductory part of an article from *The New York Times*, translated by Franko Verama, pseudonym of Alphonse Matejka (1902–1999), one of the major exponents of Ido at that time (later he would move to Occidental, a naturalistic conlang initially published in 1922). In 2011 the Ido magazine *Gazuyi* (№ 1, pp. 16–17) published about a half of Chapter VII, with the title "Fola Te-Repasto", translated many years before by Tom Wood and retrieved by the editor Lenadi Moucina from Internet. This partial translation was probably produced in the 1990s, since Bebson Takata, in a message addressed to Wood which was published in the Yahoo Idolist IDOL on 1998/05/25, wrote "Me dezirus lektar la tota tradukuro di [I'd like to read the whole translation of] Alice in the Wonderland".

My own translation project goes back to 2012, when I translated the first six chapters, but by the end of that year I just stopped, and no further chapters were translated till 2019, when I decided to pick up the task again. In the meanwhile, Chapter I had been published in 2013 in *Progreso* (nr 355, pp. 9–18), which was edited by Hans Stuifbergen at the time, and again in 2015, in the sixth and last number of *La Plumo Idala* (pp. 7–20), an Ido literary magazine which had been edited and published by Tiberio Madonna since 2013.

As might be expected, the main problem I encountered during my translation work was the puns. Being a fairly phonetical tongue, Ido has no single-root homophones, so a pun like *tale/tail* is absolutely impossible in the language of the Delegation. However, Ido does have a fair amount of two-root homophones, like *kolego*, which can be interpreted both as *kol* + *eg* + *o* ("long neck") or *koleg* + *o* ("colleague"), -o being the ending of all singular nouns in Ido, or like *sentema*, which can be interpreted both as *sent + em + a* ("sensitive") or *sen +tem+ a* ("theme-less"), *-a* being the ending of all adjectives in Ido. Besides, Ido can provide also a considerable quantity of two-word quasi-homophones, a feature much appreciated by Andreas Juste (1918–1998), a Belgian lawyer and the greatest Ido writer of all time, in whose poems one can find funny puns like *verd akuzi / verda kuzi* ("green accusations" / "green cousins") or *subversi / sub versi* ("subversions" / "under the verses"). It was with this kind of arsenal, not so diverse but still worth exploiting, that I dared to face all the challenges and difficulties of this hard translation task! In many cases, during my long translation toil, I produced several versions of the same pun in Ido (especially the *tale/tail* and *well/well* ones), but here you will find of course just one version, not always the latest, but hopefully the funniest and the less stilted one…

As for the vocabulary, you will find in this Ido translation just six unofficial words, namely, *quoniam* (11 times), *nexta* (6), *lorio* (6) *nargileo* (5), *reprografal* (just once, on the copyright page), and *reverendo* (just once, in the foreword), meaning "as, since, because", "next", "lory", "hookah", "reprographic", and "reverend", respectively. The two first are becoming increasingly more frequent, at least in literary speech, and the attentive reader will notice, I hope, that I have used *quoniam* just in the narrative, but not in dialogues, where I have employed *pro ke* instead. As for *lorio* and *nargileo*, they were absolutely necessary to translate those specific terms found in the English text. Another interesting piece of vocabulary is the term *bathing machine* (*Badekarre* in German, *купальная машина* in Russian), found once in Chapter II, for which I do not even know the equivalent in my mother tongue (Portuguese). According to Martin Gardner's *The Annotated Alice* (150th Anniversary Deluxe Edition,

2015, p. 28), bathing machines "were small individual locker rooms on wheels", which "were drawn into the sea by horses to the depth desired by the bather, who then emerged modestly through a door facing the sea". Many English dictionaries from the beginning of the last century no longer include the word, which obviously became obsolete, but in the later Luther H. Dyer's *English-Ido Dictionary* (1924) one can still read "bathing machine: balno-charo" (p. 26). Even later, in *Progreso* (1937, № 117, p. 55), I could find the word *balno-charo* in an article about Spain, by Ch. Ward, translated by H. McFrane. So, there is no doubt about the way this old-fashioned term should be rendered into Ido.

The parodic poems and the great amount of subtle cultural allusions spread out through Carroll's text were another major obstacle I had to surmount. During the process, I tried to bear constantly in mind the target audience of this translation. So, my version is not always literal, and you will find here, for instance, some parodic bits of the Ido anthem written by the Swedish dentist and poet Sten Liljedahl (1871–1924), as well as allusions to ULI (Uniono por la Linguo Internaciona), the main global Ido organization, and even to the German priest Johann Martin Schleyer (1831–1912), the author of Volapük, the first full-fledged conlang in the world. As a matter of fact, I tried to use all the resources available in order to make this version as funny, witty and attractive as possible.

I am much indebted to Partaka, a known Valencian Ido writer, who proofread the first chapters in 2012 and the whole translation in 2020 (including the Ido version of this preface), to Brian E. Drake, an American prolific writer in English and Ido, who patiently proofread the whole translation comparing it with the original and revised this foreword brushing up my English, and to Michael Everson, who made some nice suggestions while typesetting the manuscript. Partaka's hand is visible in several details I changed according to his instructions, including some verses in the crocodile poem in Chapter II, and Brian's contributions, spread throughout the whole book, amounting to more than one hundred, included some useful pun details.

Gonçalo Neves
October 2020

L'Aventuri di Alicia en Marvelia

Kontenajo

Dum orea posdimezo,
    Tote senhaste ni glitas;
La remilin, kelke plumpe,
    Mikra brakii agitas,
Dum ke mikra manui vane
    Nia flanon finge guidas.

Kruel Trio, qua ca-hore,
    Sub tala revoz vetero,
Demand rakonto de suflo
    Tro febl por movar pulvero!
Ma quon valoras un voco
    Kontre tri-langa federo?

"Ol komencez!" impereme
    Prima livras kurt mesajo;
Secunda esper plu milde:
    "Ol kontenez sensencajo!";
La rakonton interruptas
    Tertia per ofta dicajo.

Balde, pos subit tacesko,
    En fantazio sequas eli
Kindal petuli tra lando
    Di nov e senbrid marveli,
Babilas kun l'animali,
    Mi-krede, e kun l'uceli.

Ed irge kande sikeskas
    Omna fantazio-putei
E penas la fatigito
    Ajornar plusa linei,
"Duros pose…" "Durez quik!"
    Li klamas per gay gorgei.

Tale kreesis Marvelia:
    Tale, unope, paciente,
La drol eventi progresis…
    La rakonto finis lente,
E nun vehas ni adheme,
    Lor sun-kusho, tre kontente.

Alicia! Yen kind-rakonto,
    Pozez ol per milda gesto,
Ube kindi plektas revi,
    En mistika Memor-nesto,
Qual' sik flori de pilgrimo
    En fora lando dil esto.

Aden la Kuniklo-Truo

Alicia komencis sentar granda tedeso pro sidar apud sua fratino an la rivo sen havar ulo facenda: un- o du-foye el oglabis aden la libro lektata dal fratino, ma ol havis nul imaji o konversi, "e por quo utilesas libro," pensis Alicia, "sen imaji o konversi?"

El do ponderis en sua kapo (tam bone kam el povis, nam pro la varmega jorno el sentis granda somnolo e stuporo) ka la plezuro facar margrito-girlando valoros la peno staceskar e koliar la margriti, kande subite Blanka Kuniklo kun rozea okuli preterkuris el.

To nule esis *tre* remarkinda, ed Alicia anke ne judikis *tre* extraordinar ke el audas la Kuniklo dicar a su "Ho ve! Ho ve! Me tro tardesos!" (kande el pose pensis pri to, el opinionis ke to esas ya astoniva, ma dum la evento omno semblis tote natural); ma kande la Kuniklo mem *prenis horlojeto ek la posho di sua jileto* e regardis ol e pose forkuris, Alicia quik staceskis, nam el subite memoris ke el nultempe vidabis kuniklo kun jileto-posho e kun horlojeto prenebla ek ol, e brulante de kuriozeso el kure persequis lu tra la agro e justa-

tempe vidis lu precipitar su aden granda kuniklo-truo sub la
hego.

En un instanto decensis Alicia dop lu, ne konsiderante
mem unfoye en qua posibla maniero el povos ekirar retroe.

La kuniklo-truo iris rekte quale tunelo dum kelka disto, e
lore komencis subite decensar, tante subite ke Alicia ne havis
mem un instanto por pensar quale el povus haltigar su ante
ke el komencis falar tra puteo tre profunda.

O la puteo esis tre profunda, od el trafalis tre lente, nam el
havis multa tempo dum la falo por regardar cirkum su e
questionar su pri quo eventos pose. Unesme, el esforcis
regardar adinfre por komprenar adube el iras, ma pro la troa
obskureso el vidis nulo; lore el regardis la lateri dil puteo e

remarkis ke li es kovrita da armori e libro-tabuli; hike ed ibe el vidis mapi ed imaji pendanta de pateri. El prenis bokalo de un del planki quin el preterpasis; ol havis la indiko "ORANJA MARMELADO" sur la etiketo, ma el subisis granda decepto pro lua vakueso: ne volante lasar la bokalo falar, pro timo mortigor ulu, el sucesis pozar ol en un del armori quin el preterfalis.

"Nu!" pensis Alicia, "pos tala precipito, me tote ne sucios pro rul-falar sur eskalero! Quante brava me judikesos da omni heme! Nu, me tote ne plendos, mem se me falos del suprajo di la domo!" (Quo tre probable esis vera.)

Adinfre, adinfre, adinfre. Ka la falo *nultempe* cesos? "Per quanta kilometri me falis til nun?" el voce questionis. "Me certe proximeskas al centro di la tero. Me pensez: to esus sepamil kilometri adinfre, me supozas—" (nam savez ke Alicia lernabis multa tala kozi dum sua lecioni en la klaso-chambro e, quankam la nuna okaziono ne esis *tre* bona por ostentar lua savo, nam ibe el havis nula askoltanto, tamen tala repeto esis bona exerco) "—yes, yen la justa disto cirkume—ma qua Latitudon e Longitudon me atingas?" (Alicia savis nulo pri Latitudo o Longitudo, ma ad el li semblis esar tre eleganta vorti.)

Balde el rikomencis. "Ka me falos rekte *tra* la tero? Quante drola esos ekirar inter la homi qui pazas kun kapo adinfra! La Antipatii, me kredas—" (el kelke joyis ke *nulu* askoltas nun, nam ta vorto tote ne semblis esar korekta) "—me ya certe questionos li pri la nomo di la lando. Me pregas, Siorino, ka me esas en Nov-Zelando od Australia?" (ed el esforcis reverencar dum parolar—imaginez *reverenco* dum ke on falas tra la aero! Ka vu supozas ke vu sucesus?) "E qual nesavanta puerineto me judikesos da el pro questionar! No, ne esos bona questionar: forsan me vidos ol skribita en ula loko."

Adinfre, adinfre, adinfre. Nulo altra esis facebla, do Alicia balde rikomencis parolar. "Dinah forte sentos mea manko ca-vespere, me supozas!" (Dinah esis la katino.) "Me esperas ke li memoros lua subtaso de lakto lor la repasteto. Mea kara Dinah! Me joyus se tu esus hike kun me! Mankas musi en la aero, advere, ma tu povus kaptar vespertilio, qua ya esas tre simila a muso. Tamen, ka kati manjas vespertilii?" E lore Alicia pasable somnoleskis e duris questionar su ipsa, quaze sonjante, "Ka kati manjas vespertilii? Ka kati manjas vespertilii?" e kelka-foye "Ka vespertilii manjas kati?" nam, povante respondizar nek l'una nek l'altra questiono, ne vere importis quale el expresis ol. El sentis ke el dormeskas, e ke el jus komencabis sonjar ke el promenas manuo-en-manue kun Dinah e questionas el tre serioze, "Nun, Dinah, dicez a me verajo: ka tu ultempe manjis vespertilio?" kande subite, plump! plump!, falis el sur amaso de rami e sika folii, e la precipito cesis.

Alicia tote ne vundesis, ed el springe staceskis en un instanto: el regardis adsupre, ma esis tote obskura super lua kapo; avan el esis altra longa paseyo, e la Blanka Kuniklo esis ankore videbla, trakurante ol. Oportis perdar ne mem un instanto: forkuris Alicia quale la vento, e justa-tempe audis lu dicar, dum ke lu cirkumiris angulo, "Ho, per mea oreli e labio-pili, quante me tardesas!" El esis proxim lu kande el cirkumiris l'angulo, ma la Kuniklo ne plus esis videbla: el enirabis longa basa koridoro, quan lumizis rango de lampi pendanta del tekto.

Existis pordi alonge la tota koridoro, ma omni esis klefo-klozita; e kande Alicia irabis alonge un latero e pose l'altra, probante singla pordo, el komencis pazar triste alonge la mezo, sen savar quale el povos ekirar retroe.

Subite el trovis negranda tripeda tablo, tote ek solida vitro; esis nulo sur ol ecepte tre mikra ora klefo, ed Alicia quik pensis ke ol forsan apartenas ad un del pordi en la koridoro;

ma, ho ve! o la seruri esis tro granda, o la klefo esis tro mikra, ma omna-kaze ol apertis nula de li. Tamen, dum la duesma turo, el trovis kurta kurteno quan el ne remarkabis antee, e dop ol esis negranda pordo alta de quaradek centimetri cirkume: el probis la mikra ora klefo en la seruro e kun granda joyo konstatis ke ol fitas!

Alicia apertis la pordo e remarkis ke ol duktas aden mikra paseyo, ne multe plu granda kam rato-truo: el genupozis e regardis tra la paseyo al maxim bela gardeno ultempe vidita. Quante el deziris ekirar l'obskura koridoro e vagar inter ta bedi de lumoza flori e ta koldeta fonteni, ma el povis insinuar ne mem la kapo tra la aperturo, "e mem se mea kapo trairus," pensis kompatinda Alicia, "ol esus apene utila sen mea shultri. Ho, quante volunte me kontraktesus quale teleskopo! Me kredas ke me povus, se nur me savus quale komencar." Nam, komprenez, tanta kozi extraordinar eventabis recente, ke Alicia komencabis kredar ke nur tre poka kozi advere esas fakte neposibla.

Segun semblo, esis neutila vartar an la mikra pordo, do el retrovenis al tablo, mi-esperante trovor altra klefo sur ol, od adminime libro di reguli por kontraktar personi quale teleskopi: ca-foye el trovis mikra botelo sur ol, ("qua certe ne esis hike antee," dicis Alicia,) e cirkum la kolo dil botelo esis papera etiketo, kun la vorti "DRINKEZ ME" bele imprimita sur ol en granda literi.

Esis sat bona indikar "Drinkez me", ma la saja mikra Alicia ne intencis agar *lo* haste. "No, me regardos unesme," el dicis, "e vidos kad ol havas la avizo *'veneno'* o ne"; nam el lektabis plura bela rakonteti pri pueri qui brulesis, manjesis da sovaja bestii o subisis altra desagreablaji nur pro ke li *ne*

memoris la simpla reguli quin lia amiki docabis a li: exemple, ke varmega fairo-pikilo brul-vundas se on tenas ol tro longe; e ke se on sekas fingro *tre* profunde per kultelo, ordinare ol sangifas; ed el nultempe obliviabis ke, se on multe drinkas ek botelo kun la avizo "veneno", ol preske certe divenos nociva, plu o min frue.

Tamen ca botelo *ne* havis la avizo "veneno", do Alicia audacis gustar ol, e judikante ol tre frianda (ol fakte saporis quale ulsorta mixuro ek cerizo-tarto, lakt-ovajo, ananaso, rostita dindo-karno, butro-karamelo e varma rosto-pano butrizita), el tre balde pardrinkis ol.

*   *   *   *

*   *   *

*   *   *   *

"Qual stranja sento!" dicis Alicia; "Me certe kontraktesas quale teleskopo."

E fakte eventis tale: nun el esis alta de nur duadek e kin centimetri, e lua vizajo brilis pro la penso ke nun el havas la justa staturo por trairar la mikra pordo aden ta bela gardeno. Unesme, tamen, el vartis dum kelka minuti por vidar kad el divenos mem plu mikra: el sentis kelka nervozeso pro to; "to forsan abutos," dicis Alicia a su, "a mea plena extingeso, quale kandelo. Quale me aspektos lore?" Ed el esforcis imaginar quale aspektas la flamo di extingita kandelo, nam el ne memoris ultempe vidir tal kozo.

Pos kelka tempo, konstatinte ke nulo plusa eventis, el rezolvis quik enirar la gardeno; ma, ho ve, kompatinda Alicia! kande el atingis la pordo, el remarkis ke el obliviabis la mikra ora klefo, e kande el retroiris al tablo por querar ol, el remarkis ke el tote ne povas atingar ol: el vidis ol tre bone tra la vitro, ed el esforcegis klimar un del pedi di la tablo, ma ol esis tro glitigiva, e kande el fatigesis pro tala peno, la kompatinda mikrino sideskis e komencis plorar.

"Shut, tal plorado es ne-utila!" dicis Alicia a su, kelke bruske; "Me konsilas ke tu quik cesez!" El ordinare donis a su tre bona konsili (quankam el tre rare sequis li), e kelkafoye el reprimandis su tante severe ke lua okuli divenis lakrimoza; ed el memoris ke uldie el esforcis batar sua propra oreli pro trompir su dum kroketo-konkurso quan el ludis kontre su ipsa, nam ica remarkinda puero tre prizis fingar ke el esas du personi. "Ma nun es ne-utila," pensis kompatinda Alicia, "fingar ke me esas du personi! Nu, lo restanta de me apene suficas por facar *una* respektinda persono!"

Balde pose el vidis negranda vitra buxo jacanta sub la tablo: el apertis ol e trovis en ol tre mikra kuko, sur qua la vorti "MANJEZ ME" esis tre bele skribita per ribi. "Nu, me manjos ol," dicis Alicia, "e se ol igos me kreskar, me povos atingar la klefo; e se ol igos me deskreskar, me povos reptar sub la pordo; do en una od altra maniero me povos enirar la gardeno, e ne importas quale to eventos!"

El manjis peceto ed anxioze dicis a su, "Kad adsupre? Kad adinfre?" tenante manuo sur la vertico por perceptar adube ol movos, ed el subisis granda surprizo pro konstatar ke lua staturo ne chanjis. Kompreneble, to ordinare eventas kande on manjas kuko; ma Alicia tante kustumeskabis expektar nur eventi extraordinar, ke semblis tre meskin e kretin ke la vivo durez ordinare.

Do el rezolvis manjar pluse e tre balde finis la kuko.

*　　　　*　　　　*　　　　*

*　　　　*　　　　*

*　　　　*　　　　*　　　　*

CHAPITRO II

La Lago ek Lakrimi

"Sempre plu stranjoza!" klamis Alicia (el tante surprizesis, ke dum instanto el tote obliviis quale parolar korekte). "Nun me extensesas quale la maxim granda teleskopo ultempe existinta! Adio, pedi!" (nam, kande el regardis la pedi, li aspektis preske nevidebla, pro divenar tante fora). "Ho, mea kompatinda pedeti, qua metos nun via shui e kalzi por vi, kari? *Me* certe ne povos! Me esos ya tro distanta por suciar vi: vi mustos helpar vi segun quante vi povos;—ma me devas esar afabla a li," pensis Alicia, "o forsan li ne marchos adube me volas irar! Me pensez: me donacos a li nova paro de boti en omna Kristo-nasko."

Ed el duris projetar por su ipsa quale el aranjos lo. "Li irez per la letro-portisto," el pensis, "e quante drola esos sendar donacaji a sua propra pedi! E quante stranja la adresi aspektos!

  A Sioro Dextra Pedo di Alicia
    Kamen-tapiseto,
      apud la Parafairo,
        (kun amo, de Alicia).

Ho ve, quala sensencajon me dicas!"

Ta-instante lua kapo shokis la tekto dil koridoro: fakte el esis nun alta de kelke plu kam tri metri, ed el quik prenis la mikra ora klefo e rapide iris al pordo dil gardeno.

Kompatinda Alicia! El ya povis agar nulo altra kam jacar sur un flanko, traregardar aden la gardeno per un okulo; ma trairar esis plu neposibla kam ultempe: el sideskis e rikomencis plorar.

"Shamez," dicis Alicia, "magna puerino quala tu," (el darfis ya dicar lo), "ploranta ta-maniere! Cesez ca-instante, me dicas lo a tu!" Ma el duris malgre to, varsante litri de lakrimi, til ke esis granda lago cirkum el, profunda de dek centimetri aproxime ed okupanta duimo del koridoro.

Pos kelka tempo el audis nelauta pazeti fore, ed el rapide sikigis la okuli por vidar lo venanta. To esis la Blanka Kuniklo retrovenanta, splendide vestizita, kun paro de blanka ganti kapro-yunala en un manuo e granda abaniko en l'altra: lu venis trote en granda hasto, murmurante a su dum la veno, "Ho! la Dukino, la Dukino! Ho! el furios pro ke me igis el vartar!" Alicia sentis su tante sen-espera ke el esis pronta demandar helpo de irgu; do, kande la Kuniklo proximeskis, el dicis, per

nelauta, timida voco, "Me pregas vu, sioro—" La Kuniklo
tresayis tre forte, lasis falar la blanka ganti krapo-yunala e
l'abaniko e forkuris aden l'obskurajo tam rapide kam lu
povis.

Alicia rekoliis l'abaniko e la ganti, e, quoniam la koridoro
esis varmega, el ventizis su sencese dum ke el paroladis:
"Hola, hola! Quante drola omno esas cadie! E hiere omno
eventis tote kustumale. Ka forsan me transformesis dum la
nokto? Me pensez: ka me esis la sama kande me levis me ca-
matine? Me preske kredas memorar ke me sentis me kelke

diferanta. Ma se me ne esas la sama, yen la sequanta questiono, 'Qua do me esas?' Ha, *yen* la granda enigmato!" Ed el komencis konsiderar omna pueri quin el konocas e qui evas same kam el, por vidar kad el eventuale transformesis ad un de li.

"Me certe ne esas Ada," el dicis, "nam elua hararo havas tante longa lokli, e la mea tote ne havas lokli; me certe ne povas esar Mabel, nam me savas omna-sorta kozi, ed el, ho! el savas tante poka! Pluse, *el* esas el, e *me* esas me, e—ho ve, qual enigmato to esas! Me probez ka me savas omna kozi quin me savis. Me pensez: quarople kin esas dek e du, e quarople sis esas dek e tri, e quarople sep esas—ho ve! Me nultempe atingos duadek tale! Tamen, la Multiplikala Tabelo ne importas: me probez Geografio. London esas la chefurbo di Paris, e Paris esas la chefurbo di Roma, e Roma—no, *to* es certe erora! Me certe transformesis a Mabel! Me probez dicar '*Yen ni venas, mikra—*'," ed el krucumis la manui sur la gremio quaze recitante lecioni, e komencis recitar ol, ma lua voco sonis rauka e stranja, e la vorti ne esis la sama kam ordinare:—

> *"Yen lu jacas, mikra krokodilo,*
> *Kun la kaudo bel e praktikal,*
> *Dum varsar la pur aqui di Nilo*
> *Sur l'orea squami bestial!*
>
> *Kun mieno gay la hipokrito*
> *Sua ungli montras kom habilo,*
> *Ed al fishi lu facas invito*
> *Per la dolce ridetant maxilo!"*

"Me certesas ke ta vorti ne es korekta," dicis kompatinda Alicia, e lua okuli itere pleneskis de lakrimi, dum ke el duris, "Konkluze, me certe esas Mabel, e me mustos habitar ta mikra domacho e ludar per preske nula ludili e ho! sempre lernar tanta lecioni! No, me ja decidis lo; se me esas Mabel, me restos hike! Ne utilesos a li insinuar la kapo e dicar 'Retrovenez adsupre, kara!' Me nur regardos adsupre e dicos 'Qua do me esas? Unesme dicez lo a me, e lore, se plezos a me esar ta persono, me acensos: se ne, me restos hike til ke me divenos altru'—ma, ho ve!" klamis Alicia, kun subita erupto di lakrimi, "Me *ya* deziras ke li insinuez la kapo! Me *tante* tedesas pro esar sola hike!"

Dicante lo, el regardis sua manui e surprizesis pro vidar ke el metabis un del blanka ganteti kapro-yunala dil Kuniklo dum ke el parolis. "Quale me *agis* lo?" el pensis. "Me certe deskreskas itere". El staceskis ed iris al tablo por mezurar su per ol, e remarkis ke, segun quante el povas evaluar, el esas nun alta de sisadek centimetri cirkume e duras kontraktesar rapide: el balde trovis ke la kauzo esas l'abaniko quan el tenas, ed el quik lasis ol falar, justa-tempe evitante kompleta kontrakteso.

"Me *apene* eskapis!" dicis Alicia, multe pavorante pro la subita transformo, ma tre kontenta pro existar ankore; "e nun, aden la gardeno!" Ed el retrokuris tote rapide al mikra pordo: ma, ho ve! la mikra pordo esis klozita itere, e la mikra ora klefo jacis sur la tablo quale antee, "e nun omno esas mem plu mala," pensis la kompatinda puero, "nam nultempe antee me esis tam mikra kam nun, nultempe! E me deklaras ke to es regretinda, tote certe!"

Dum ke el dicis tala vorti, lua pedo glitis, ed en un instanto, plash! sal-aquo kovris el til la mentono. El unesme pensis ke el ulmaniere falis aden la maro, "ed en ta kazo me povos retroirar per fervoyo," el dicis a su. (Alicia esabis en la litoro unfoye dum sua vivo e venabis al generala konkluzo ke, irgube on iras en Angla litoro, on trovas grupo de balno-chari en la maro, kelka pueri exkavanta en la sablo per ligna spadi, pose rango de lojeyi, e fervoyal staciono dop li.) Tamen el balde komprenis ke el esas en la lago ek lakrimi quin el plorabis kande el esis alta de tri metri.

"Ho, se me ne plorabus tante multe!" dicis Alicia, dum ke el cirkumnatis esforcante trovar ekireyo. "Nun me subisos puniso pro to, me supozas, per droneso en mea propra lakrimi! To *esos* drola, tote certe! Tamen omno es drola cadie."

Ta-instante el audis ulo barbotar ne multe fore en la lago, ed el nate proximeskis por trovar ol: unesme el pensis ke to certe es rosmaro o hipopotamo, ma pose el memoris quante mikra el esas nun, ed el balde vidis ke to es nur muso qua englitabis quale el.

"Kad ulmaniere utilesus," pensis Alicia, "parolar ad ica muso? Omno es tante extraordinar hike, ke probable la muso povas ya parolar: omna-kaze, probar tote ne nocos". El do dicis: "Ho Muso, ka vu savas quale ekirar ca lago? Me tre fatigesas pro natar hike, Ho Muso!" (Alicia supozis ke tale on devas parolar a muso: nultempe antee el agabis lo, ma el memoris vidir en la Latina gramatiko di sua fratulo, "Muso—di muso—a muso—muson—Ho muso!". La Muso regardis el pasable kurioze, e semblis ad el ke lu palpebragis per un de sua okuleti, ma lu dicis nulo.

"Forsan lu ne komprenas Ido," pensis Alicia; "Probable lu esas Franca muso, veninta kun William la Konquestero." (Nam, malgre omna sua savo pri historio, Alicia ne bone konceptis quanta tempo ante lore ulo eventis.). El do rikomencis: "Où est ma chatte?" qua esis l'unesma frazo en lua Franca lerno-libro. La Muso subite saltis ek l'aquo, e lua tota korpo semble fremisis pro pavoro. "Ho, pardonez me!" quik klamis Alicia, timante vundir la sentimenti dil kompatinda animalo. "Me tote obliviis ke vu ne prizas kati."

"Ne prizas kati!" klamis la Muso per akuta, pasionoza voco. "Ka *tu* prizus kati, se tu esus me?"

"Nu, forsan ne," respondis Alicia per tono kalmigiva: "ne iracez. Tamen me joyus se me povus montrar a vu nia kato Dinah: me kredas ke vu komencus afecionar kati se vu vidus el. El es miniono tante tranquila," Alicia duris, mi-parolante a su, dum ke el natis lente en la lago, "ed el sidas ronronante tante bele apud la herdo, lekante la pedi e lavante la vizajo— e lua pelo es tante karezinda—ed el tante habile chasas musi—ho, pardonez me!" klamis Alicia itere, nam ca-foye la Muso herisis la pili dil tota korpo, ed el sentis ke el certe ofensis lu. "Ni ne plus parolos pri el, se vu tale preferas."

"Ni, fakte!" klamis la Muso, qua fremisis til la extremajo dil kaudo. "Quale se *me* volus parolar pri tala temo! Nia familio sempre *odiis* kati: repugnanta, desprizinda, grosiera bestii! Nultempe dicez a me ta nomo itere!"

"Me ya ne dicos!" konfirmis Alicia, qua volis tre rapide chanjar la temo dil konverso. "Ka vu—ka vu havas afeciono—a—a hundi?" La Muso ne respondis, do Alicia duris parolar fervoroze: "Proxim nia domo esas hundo tante miniona, me volunte montrus lu a vu! Mikra hel-okula teriero, savez lo, kun ho! tante longa lokloza pili bruna! E lu queras kozi kande on jetas li, e lu sideskas e demandas sua dineo, ed omna tala kozi—me ne memoras mem duimo—e lu apartenas a farmisto, savez lo, ed il dicas ke lu es tante utila, ke lu valoras cent pundi! Il dicas ke lu ocidas omna rati e—ho ve!" klamis Alicia per tono lamentoza, "Me kredas ke me ofensis vu itere!" Nam la Muso esis fornatanta de el tam forte kam lu povis, videble barbotante en la lago dum ke lu iris.

Do el vokis lu milde, "Muso kara! Retronatez, e ni parolos nek pri kati nek pri hundi, se vu ne prizas li!". Kande la Muso audis lo, lu turnis su e lente retronatis ad el: lua vizajo esis tote pala (pro pasiono, Alicia pensis), e lu dicis per nelauta fremisanta voco, "Ni irez al rivo, e lore me naracos a tu mea historio, e tu komprenos pro quo me odias kati e hundi."

Esis oportuna tempo por foriro, nam la lago komencis divenar tro plena de enfalinta uceli ed animali: ibe esis Anado e Dronto, Lorio ed Aglo-yuno, e plur altra stranja bestii. Alicia guidis, e la tota grupo natis al rivo.

Komitatal Konkurso e Naraco Longa

Aspektis vere groteska la grupo asemblita an la rivo: l'uceli kun la plumi tote senordina, l'animali kun la pili forte adherinta al pelo, ed omni gutifanta pro humideso, malhumoroza e senkomforta.

Unesme oportis savar, kompreneble, quale li sikeskos: li deliberis pri to, e pos kelka minuti semblis tre natural ad Alicia ke el ja konversas familiare kun li, quale se el konocabus li dum sua tota vivo. Fakte, el tre longe disputis kun la Lorio, qua tandem komencis budar e dicis nur, "Me esas plu evoza kam tu, do me plu multe savas." Ed Alicia ne volis aceptar lo sen savar quante lu evas; e, quoniam la Lorio persisteme refuzis informar pri sua evo, nulo plusa esis dicebla.

Tandem la Muso, qua semblis persono autoritatoza inter li, klamis, "Sideskez, vi omna, ed askoltez me! *Me* balde igos vi sat sika!" Omni quik sideskis, en granda cirklo, kun la Muso en la centro. Alicia fixe regardis lu, nam el esis certa ke el balde kaptesos da katareto, se el ne rapide sikeskos.

"Ahem!" dicis la Muso kun aplombo; "ka vi es pronta? Yen la maxim sika kozo quan me konocas. Omni tacez, me pregas! 'William la Konquestero, di qua la skopo favoresis dal papo, balde sucesis submisar la Angli, qui indijis guideri e recente kustumeskabis uzurpado e konquesti. Edwin e Morcar, la komtuli de Mercia e Northumbria—'"

"Uf!" dicis la Lorio, tremante.

"Pardonez!" dicis la Muso, frunsante la brovi, ma tre polite. "Ka vu parolis?"

"Ne me!" dicis la Lorio, rapide.

"Me kredis ke yes," dicis la Muso. "Me durez. 'Edwin e Morcar, la komtuli de Mercia e Northumbria, deklaris su por il; e mem Stigand, la patriota arkiepiskopo di Canterbury, judikis kom konsilinda—'"

"Judikis *quo?*" l'Anado questionis.

"Judikis *kom,*" la Muso respondis kelke malhumoroze: "certe vu savas quon 'kom' signifikas."

"Me tre bone savas quon 'kom' signifikas, kande *me* judikas ulo kom manjinda," respondis l'Anado: "ordinare rano o vermo. Mea questiono esas: quon la arkiepiskopo judikis?"

La Muso ne remarkis ca questiono, ma rapide duris, "'—judikis kom konsilinda akompanar Edgar Atheling por renkontrar William ed ofrar a lu la krono. La konduto di William unesme esis moderata. Ma la insolenteso di lua Normandi—' Quale tu standas nun, kara?" lu duris, turnante su ad Alicia, dum ke lu parolis.

"Ankore tote humida," respondis Alicia per tono melankolioza: "semblas ke ol tote ne sikigas me."

"Ta-kaze," dicis la Dronto solene, staceskante, "me propozas ke la kunveno ajornesez, por la quika adopto di plu energioza remediili—"

"Parolez klare!" dicis l'Aglo-yuno. "Me ne komprenas la signifiko di duimo de ta longa vorti, e, pluse, me ne kredas ke vu ipsa komprenas li!" E l'Aglo-yuno inklinis sua kapo por celar rideto: kelka altra uceli ridachis audeble.

"Me intencis dicar," explikis la Dronto per tono di ofenseso, "ke la maxim bona kozo por sikigar ni esus Komitatal Konkurso.

"Quo *es* Komitatal Konkurso?" Alicia questionis; el ne vere volis savar lo, ma la Dronto pauzabis quaze kredante ke *ulu* devas parolar, e nulu altra, segun semblo, inklinesis a dicar ulo.

"Nu," respondis la Dronto, "la maxim bona maniero explikar ol es facar ol." (E, quoniam vi ipsa forsan volos probar ol, dum vintrala jorno, me naracos a vi quale la Dronto aranjis ol.)

Unesme lu trasis, kom lico, ulsorta cirklo ("la preciza formo ne importas," lu dicis), e lore singla grupano recevis plaso alonge la lico, hike ed ibe. Audesis nula "Un, du, tri, kurez!" ma li komencis kurar kande li volis, e cesis kande li volis, tale ke esis desfacila savar kande la konkurso finis.

Tamen, pos ke li kuris dum mi-horo cirkume e pasable risikeskis, la Dronto subite klamis "La konkurso finis!" e li omna asemblis su cirkum lu, anhelante e questionante, "Ma qua vinkis?"

Ca questionon la Dronto ne povis respondizar sen multa pensado, e lu restis longe kun fingro presita an lua fronto (la kustumala posturo di Shakespeare en la imaji pri ilu), dum ke la ceteri vartis silencoze. Tandem la Dronto dicis, "*Omnu* vinkis, ed *omni* certe recevos premii."

"Ma qua disdonos la premii?" granda koro de voci questionis.

"Nu, *el*, kompreneble," respondis la Dronto, fingre indikante Alicia; e la tota grupo quik cirkondis el, klamante konfuze, "Premii! Premii!"

Alicia tote ne savis quon agar, e senespere el insinuis manuo aden sua posho ed ektiris buxeto de drajei, (fortunoze la sal-aquo ne enirabis ol), e disdonis li quale premii. El havis precize un peco por singlu.

"Ma savez ke el ipsa mustas recevar premio," dicis la Muso.

"Kompreneble," la Dronto respondis tre solene. "Quon plusa tu havas en tua posho?" lu duris, turninte su ad Alicia.

"Nur fingro-chapo," dicis Alicia triste.

"Transdonez ol," dicis la Dronto.

Li omna asemblis su cirkum el plusa-foye, dum ke la Dronto solene prizentis la fingro-chapo, dicante, "Ni demandas vua acepto di ca eleganta fingro-chapo," e, kande lu finis ca kurta diskurso, omni aklamis.

Alicia judikis la tota afero kom tre absurda, ma omni aspektis tante serioza ke el ne audacis ridar; e, ne povante imaginar quon dicar, el nur reverencis e prenis la fingro-chapo, aspektante maxim solena posible.

La sequanta tasko esis manjar la drajei: to produktis kelka bruiso e konfuzeso, nam la granda uceli plendis ke li ne povas sentar lia gusto, e le mikra sufoketis e mustis recevar frapeti sur la dorso. Tamen to finis pos kelka tempo, e li risideskis en cirklo e pregis la Muso naracar a li pluse.

"Nu, vu promisis naracar a me vua historio," Alicia memorigis, "e dicar pro quo vu odias—K e H," el adjuntis susure, kelke timante ke lu itere sentos su ofensata.

"Yen kompleta naraco kun apendico, tante longa e trista!" la Muso respondis, turnante su ad Alicia e sospirante.

"Ol es apendico longa, certe" dicis Alicia, regardante kun astoneso la kaudo dil Muso; "ma pro quo vu nomizas ol trista?" Ed el duris reflektar pri ol dum ke la Muso parolis, tale ke el konceptis la naraco cirkume ca-maniere:—

"Furio dicis
a muso, Quan
lu vidis
an taluso,
'Irez ni a
tribunalo:
Me akuzos
vu, raskalo.—
Venez,
yen grava
inicio;
Oportas
facar
judicio:
Nam advere
ca-matine
Men okupas
nula tasko.'
Dicis
la muso
al hunde-
to, 'Tala
judicio,
kar Poeto,
Sen jurio,
sen judi-
ciisto,
esus vana
en la
korto.'
'Me ya
esos,'
dicis
Furio,
'Judi-
ciisto
e mem
jurio:
Me fi-
nisos
la
pro-
ceso,
e kon-
dam-
nos
vu
ad
morto.'

"Tu ne atencas!" dicis la Muso ad Alicia severe. "Pri quo
tu pensas?"

"Pardonez me," Alicia respondis tre humile; "vu atingis la kinesma kurvo, me kredas?"

"*No! Do—*" klamis la Muso, akre e tre iracoze.

"Nodo!" dicis Alicia, sempre pronta esar utila, e cirkumregardante anxioze. "Ho, lasez me helpar desligar ol!"

"Me agos nulo tala," respondis la Muso, levante su e formarchante. "Tu insultas me per dicar tala sensencajo!"

"Me ne intencis insultar!" pledis kompatinda Alicia. "Ma savez ke vu es tre facile ofensebla!"

La Muso nur grunis responde.

"Retrovenez e finez vua naraco, me pregas!" Alicia vokis lu; ed omna ceteri dicis kore, "Yes, ni pregas!" ma la Muso nur sukusis la kapo nepaciente e marchis kelke plu rapide.

"Esas ya regretinda ke lu refuzis restar!" sospiris la Lorio, quik pos ke lu tote desaparabis; ed olda Krabo uzis la okaziono por dicar a sua filiino, "Ha, kara! To instruktez *tu* nultempe iraceskar!"

"Shut, Mama!" respondis la yuna Krabo, kelke rude. "Vu exhaustus la pacienteso mem di ostro!"

"Me certe joyus se Dinah esus hike!" dicis Alicia laute, parolante a nulu partikulare. "El balde retroportus lu!"

"E qua es Dinah, se me darfas questionar pri to?" dicis la Lorio.

Alicia respondis tre volunte, nam el esis sempre pronta parolar pri sua dorlot-animalo. "Dinah esas nia kato. Ed el es tante habila pri kaptar musi, ke vu ne povas imaginar lo! E ho, se vu nur vidus el chasar la uceli! Nu, el manjas uceleto quik kande el vidas lu!"

Ca parolo produktis remarkinda sensaciono en la grupo. Kelka uceli quik formarchis: olda Pigo komencis envelopar su tre sorgoze, komentante, "Me vere mustas retroirar adheme; la noktal aero domajas mea guturo!" E Kanario vokis per fremisanta voco sua filii, "Venez, kari! Ja es tempo ke vi omna esez en la lito!" Diversa-pretexte li omna foriris, ed Alicia balde restis sola.

"Me devabus ne mencionar Dinah!" el dicis a su per tono melankolioza. "Semblas ke nulu amas el hike, quankam el certe es la maxim bona kato en la mondo! Ho, mea kara Dinah! Kad ultempe me rividos tu?" E lore kompatinda Alicia rikomencis plorar, nam el sentis su tre solitara e trista. Pos poka tempo, tamen, el itere audis mikra sono di fora pazi, ed el avide regardis adsupre, mi-esperante ke la Muso repentis e retrovenas por finar sua naraco.

La Kuniklo Sendas Bilieto

Esis la Blanka Kuniklo qua lente retrotrotis, regardante anxioze dum ke lu iris, quaze perdinte ulo; ed el audis lu murmurar a su, "La Dukino! La Dukino! Ho mea kara pedi! Ho mea pelo e labio-pili! El imperos mea mortigo, tam certe kam fureti es fureti! Ube do me lasis li falar, *ube*?" Alicia divinis en un instanto ke lu serchas l'abaniko e la paro de blanka ganti kapro-yunala, ed el tre komplezeme komencis serchar li, ma li en nula loko esis videbla—segun semblo, omno chanjabis pos lua nato en la lago, e la granda koridoro, kun la vitra tablo e la mikra pordo, tote desaparabis.

Tre balde la Kuniklo remarkis Alicia, dum ke el serchadis, e vokis el per tono iracoza, "Nu, Mary Ann, quon *tu* agas hike? Kurez adheme ca-instante e querez a me paro de ganti ed abaniko! Rapide, nun!" Ed Alicia tante pavoris ke el quik forkuris en la direciono quan lu indikis, sen esforcar explikar la eroro quan lu facabis.

"Il konfundis me a sua dom-servistino," el dicis a su dum ke el kuris. "Quante il surprizesos kande il deskovros qua me esas! Ma prefere me portez ad il lua abaniko e ganti—nu, se me povos trovar li." Dicante lo, el atingis bel-aspekta dometo, sur la pordo di qua esis brilanta latuna plako kun la nomo "B. KUNIKLO" grabita. El eniris sen frapir e rapide acensis l'eskalero, forte timante ke el renkontros la reala Mary Ann, e ke on ekpulsos el ek la domo ante ke el trovos l'abaniko e la ganti.

"Esas tre drola," dicis Alicia a su, "facar komisi por kuniklo! Me supozas ke Dinah donos a me komisi balde!" Ed el komencis imaginar quala kozi eventos: "'Damzelo Alicia! Venez adhike quik e preparez tu por tua promeno!' 'Me venos pos minuto, gardistino! Ma me mustas gardar ca muso-truo til ke Dinah retrovenos, e garantiar ke la muso ne eskapos.' Ma me kredas," dicis Alicia pluse, "ke li ne permisos ke Dinah restez en la domo se el komencos tale imperar a la personi!"

Lore el enirabis neta chambreto kun tablo an la fenestro, e sur ol (quale el esperis) esis abaniko e du o tri pari de blanka ganteti kapro-yunala: el prenis l'abaniko e paro de ganti, ed esis quik livonta la chambro, kande el videskis boteleto stacanta apud la spegulo. Nula etiketo existis ca-foye kun la vorti "DRINKEZ ME", ma tamen el desstopis ol e pozis ol an sua labii. "Me savas ke *ulo* interesanta infalible eventas," el dicis a su, "omna-foye kande me manjas o drinkas irgo; do me vidos quon ca botelo agos. Me esperas ke ol kreskigos me itere, nam vere me sentas granda tedeso pro esar tala mikreto!"

To ya eventis, e multe plu frue kam el expektis: ante ke el drinkis duimo del botelo, lua kapo komencis presar la plafono, ed el mustis inklinar su por ke lua kolo ne ruptesez. El rapide depozis la botelo, dicante a su, "To plene suficas—

me esperas ne kreskor plu multe—Me ya ne povas ekirar tra
la pordo—Me devabus ne drinkar tante multe!"

Ve! Esis tro tarda! El duris kreskar e kreskar, e tre balde
el mustis genupozar sur la pavimento: pos plusa minuto la
spaco ne suficis mem por to, ed el probis la efiko di jacar kun
un kudo an la pordo, e l'altra brakio flexita cirkum la kapo.
Tamen el duris kreskar, e, kom lasta rekurso, el pozis brakio
tra la fenestro, e pedo en la kamen-tubo, e dicis a su, "Nun
me povas agar nulo plusa, irge quo eventos. *Quon* me
divenos?"

Fortunoze por Alicia, la magiala boteleto lore plene
efikabis, ed el ne plus kreskis: tamen el esis tre senkomforta,
e, pro ke, segun semblo, el nultempe havos okaziono itere
ekirar la chambro, el kompreneble sentis su desfelica.

"Esis multe plu agreabla heme," pensis kompatinda Alicia,
"kande on ne sempre esis kreskanta e deskreskanta, nek
recevanta imperi da musi e kunikli. Me preske preferus ne
enirir ta kuniklo-truo—tamen—tamen—es ya kelke stranja,
tala vivo! Me vere ne komprenas *quon* me divenis! Kande me
kustumis lektar feala rakonti, me supozis ke tala kozi
nultempe eventas, e nun yen me, meze di tala rakonto!

Oportus skriptar libro pri me, yes oportus! E kande me parkreskos, me skriptos ol—ma me ja parkreskis," el dicis pluse per tono lamentoza, "adminime ne esas spaco por plua kreskado *hike*."

"Ma," pensis Alicia, "ka me *nultempe* divenos plu evoza kam nun? To komfortigos, ulmaniere—nultempe divenar oldino—ma—sempre mustar lernar lecioni! Ho, me ne prizus *lo*!"

"Ho, stulta Alicia!" el respondis a su. "Quale tu povus lernar lecioni hike? Nu, esas apene spaco por *tu*, e tote nula spaco por lerno-libri!"

E tale el duris, unesme pleante la rolo di una persono e pose di altra, e facante granda konverso ensemble; ma pos plura minuti el audis voco de-extera, ed atence askoltis.

"Mary Ann! Mary Ann!" dicis la voco, "Querez a me mea ganti ca-instante!" Lore audesis nelauta pazado en l'eskalero. Alicia savis ke to esas la Kuniklo, qua venas serchar el, ed el fremisis tante ke la domo shancelis. El ya obliviabis ke nun el esas cirkume milople plu granda kam la Kuniklo, e tote ne bezonas pavorar pri lu.

Balde la Kuniklo venis al pordo ed esforcis apertar ol; ma, quoniam la pordo esis apertenda adinterne, e la kudo di Alicia forte presis ol, ta esforco faliis. Alicia audis lu dicar a su, "Do me cirkumiros ed eniros tra la fenestro."

"*Ton* tu ne agos!" pensis Alicia, e, vartinte til ke el audis la Kuniklo precize sub la fenestro, el subite extensis la fingri e facis kapto-gesto en la aero. El sizis nulo, ma el audis krieto e falo, e bruiso di ruptata vitro, e konkluzis ke forsan lu falis aden kukombro-teplico od ulo simila.

Pose el audis iracoza voco—dil Kuniklo—"Lazaro! Lazaro! Ube tu esas?" E pose voco quan el nultempe antee audabis, "Certe, yen me! Me ekterigas pomi, mea sinioro!"

"Ekterigas pomi, nu!" respondis la Kuniklo iracoze.
"Adhike! Venez helpar me solvar *ico*!" (Plusa soni di ruptata
vitro.)

"Nu, dicez a me, Lazaro, quo esas to en la fenestro?"

"Certe, to es brako, mea sinioro!"

"Brakio, stulto! Qua vidis brakio tante granda? Nu, ol
plenigas la tota fenestro!"

"Certe ya, mea sinioro: tamen brako malgre omno."

"Nu, omna-kaze, ol ne darfas esar ibe: forprenez ol!"

Longa silenco sequis, ed Alicia audis nur susuri tempope;
quala "Certe, me ne prizas lo, mea sinioro, tote ne, tote ne!"
"Agez quon me imperis a tu, poltrono!" e tandem el itere
extensis la fingri e facis kapto-gesto en la aero. Ca-foye
audesis *du* krieti, e plusa soni di ruptata vitro. "Quanta

kukombro-teplici esas!" pensis Alicia. "Quon li agos pose? Pri ektirar me tra la fenestro, nu, me volegas ke li ya *povez!* Certe *me* ne volas restar hike plu longe!"

El vartis dum kelka tempo sen audar ulo plusa: tandem audesis rotolo di mikra brueto-roti, e la sono di multa voci samtempe parolanta: el dechifris la vorti: "Ube esas l'altra skalo?—Nu, me mustis adportar nur una; Bili havas l'altra—Bili! Querez ol, kerlo!—Yen, apogez li an ca angulo—No, unesme kunligez li—li ne ja atingas duimo del alteso—Ho! nu, li suficos; ne tro postulez—Yen, Bili! Sizez ca kordo—Ka la tekto rezistos?—Atencez! Nefixita ardezo!—Ho, ol falas! Eskartez la kapi!" (lauta bruiso)— "Nu, qua agis lo?—Bili, me kredas—Qua decensos tra la kamen-tubo?—No, ne me! *Tu* ipsa!—Me ne agos lo!—Bili decensos—Yen, Bili! La mastro dicas ke tu mustas decensar tra la kamen-tubo!"

"Ho! Do Bili mustas decensar tra la kameno, ka?" dicis Alicia a su. "Semblas ke li donas omna taski a Bili! Me certe ne dezirus esar en lua situaciono: ca kameno esas ya streta; ma me *kredas* ke me povos donar kelka pedo-bati!"

El insinuis pedo aden la kamen-tubo, tam multe kam el povis, e vartis til ke el audis animaleto (el ne povis divinar qua-sorta ol es) gratar e klimar en la kamen-tubo ne multe super el: lore, dicante a su, "Yen Bili," el donis forta pedo-bato e vartis por vidar quo eventos pose.

Unesme el audis generala koro dicanta "Adibe iras Bili!" e pose nur la voco dil Kuniklo—"Sizez lu, vi apud la hego!" lore silenco, e pose itera pelmelo di voci—"Sustenez lua kapo— Nun brandio—Ne sufokez lu—Quale esis, oldo? Quo eventis a tu? Naracez omno a ni!"

Tandem sonis febla stridanta voceto, ("Yen Bili," pensis Alicia), "Nu, me apene savas—Ne plue, danko; me standas plu bone nun—ma me povas naracar nulo, nam me esas tro ecitita—me nur savas ke ulo venas a me quale salto-pupeo,

ed adsupre me iras quale fuzeo!"

"Tale tu iris, oldo!" dicis l'altri.

"Ni brulez la domo!" dicis la voco dil Kuniklo, ed Alicia klamis maxim laute posible, "Se vi agos lo, me sendos Dinah kontre vi!"

Mortala silenco sequis quik, ed Alicia pensis a su, "Quon li agos *nun*? Se li esus saja, li forprenus la tekto." Pos un o du minuti li rikomencis movar, ed Alicia audis la Kuniklo dicar, "Un bruetedo suficos, komence."

"Bruetedo de *quo*?" pensis Alicia; ma el ne bezonis longe dubitar, nam en la sequanta instanto pluvo de stoneti enflugis bruisoze tra la fenestro, e kelki atingis lua vizajo. "Me cesigos to," el dicis a su e klamis, "Ne iterez lo!" quo produktis nova silenco mortal.

Alicia remarkis, kelke surprizate, ke omna stoneti, falante adsur la pavimento, transformesas a kuketi, e brilanta ideo eniris lua kapo. "Se me manjos kuketo," el pensis, "ol ne falios chanjar *ulmaniere* mea staturo; e, pro ke forsan ol ne povos plugrandigar me, ol certe plumikrigos me, me supozas."

Do el glutis kuketo e joyoze konstatis ke el komencas quik deskreskar. Quik kande el esis sat mikra por trairar la pordo, el kuris ek la domo e trovis tota ensemblo de animaleti ed uceli vartanta extere. La kompatinda lacerteto, Bili, esis en la mezo, sustenata da du kobayi, qui igis lu drinkar ulo ek botelo. Li omna precipitis su vers Alicia quik kande el aparis; ma el forkuris maxim forte posible, e balde sentis su sekura en densa foresto.

"Unesme" dicis Alicia a su, dum ke el vagadis en la foresto, "me mustas rekuperar mea normala staturo; e duesme me trovez maniero enirar ta belega gardeno. Me kredas ke to esos la maxim bona projeto."

Ol semblis ecelanta projeto, sendubite, e tre bele e simple aranjita; l'unika problemo esis ke el tote ne savis quale exekutar ol; e dum ke el regardis anxioze inter l'arbori, akuta aboyeto precize super lua kapo igis el levar la okuli tre rapide.

Enorma hundo-yuno regardis el per granda ronda okuli e timide extensis pedo, esforcante tushar el. "Kompatinda miniono!" dicis Alicia per tono dorlotoza, ed el ardue esforcis siflar a lu; ma el extreme pavoris dume, timante ke forsan lu hungras, e ke en ta kazo lu tre probable parmanjos el malgre elua tota dorlotado.

Apene savante quon el agas, el prenis bastoneto e tenis ol avan la hundo-yuno, qua quik saltis per omna pedi samtempe, emisante aboyeto joyoza, e precipitis su vers la bastoneto e simulis lacerar ol; lore Alicia celis su dop granda kardono, por ke l'animalo ne fulez el; e quik kande el aparis altra-latere, la hundo-yuno itere precipitis su vers la bastoneto, e kulbutis pro sua fervoro sizar ol: lore Alicia, kredante ke to es simil a ludar kun tir-kavalo, e timante omna-instante esor fulata da lua pedi, itere kuris cirkum la kardono; lore la hundo-yuno komencis serio de mikra asalti kontre la bastoneto, kurante kelke adavane omna-foye e multe addope, ed aboyante rauke dum la tota tempo, til ke

tandem lu sideskis tre fore, anhelante, kun la lango pendanta
ek la boko e la granda okuli mi-klozita.

Semblis ad Alicia ke to es bona okaziono por eskapar; do el
quik departis e kuris til divenar tre fatigita ed anhelanta, e
til ke l'aboyado dil hundo-yuno divenis matida pro la disto.

"Tamen lu esis tre aminda hundo-yuneto!" dicis Alicia,
dum ke el apogis su an ranunkulo por repozar, e ventizis su
per folio. "Me multe prizus docir ludi a lu, se—se nur me
esabus sat granda por to! Ve! Me preske obliviis ke me
mustas rikreskar! Me pensez—quale *agar* lo? Me supozas ke
me mustas manjar o drinkar ulo; ma la granda questiono
esas, quo?"

La granda questiono certe esis, quo? Alicia regardis la cirkondanta flori e herbo-folii, ma el vidis nulo aspektanta manjinda o drinkinda en ta cirkonstanci. Kreskis granda fungo proxim el, preske tam alta kam el; e regardinte sub ol, ed amba-latere di ol, e dop ol, venis en lua mento ke esos bona regardar anke sur ol, por vidar quo esas ibe.

El extensis su, stacante sur la pedo-pinti, e regardis trans la bordo dil fungo, e lua okuli quik renkontris olti di granda blua raupo qua sidis sur la suprajo, kun la brakii krucumita, quiete fumante longa nargileo, e tote ne atencante el nek irgo altra.

Konsili da Raupo

La Raupo ed Alicia regardis l'una l'altra dum kelka tempo, tacante: tandem la Raupo prenis la nargileo ek la boko e parolis ad el per lenta, somnolanta voco.

"Qua esas *tu?*" la Raupo questionis.

To ne esis kurajigiva komenco por konverso. Alicia respondis, pasable timide, "Me—me apene savas, Sioro, precize nun—adminime me savas qua me *esis* kande me levis me ca-matine, ma me kredas ke me transformesis plurfoye de lore."

"Quon to signifikas?" la Raupo severe questionis. "Explikez lo!"

Me ne povas explikar lo, Sioro," dicis Alicia, "nam komprenez ke me ne esas me."

"Me ne komprenas," dicis la Raupo.

"Nu, me ne povas expresar me plu klare," Alicia respondis tre polite, "nam unesme me ipsa ne povas komprenar lo; e havar tanta diversa staturi en un jorno esas tre perplexigiva."

"Tote ne," dicis la Raupo.

"Nu, forsan vu ne ja experiencis lo," dicis Alicia; "ma kande vu divenos krizalido—savez ke to ya eventos uldie—e pose papiliono, me kredas ke anke vu sentos lo kom kelke stranja, ka ne?"

"Tote ne," dicis la Raupo.

"Nu, forsan vu sentas altre kam me," dicis Alicia; "me savas nur ke *me* sentus lo kom tre stranja."

"Tu!" dicis la Raupo desprizeme. "Qua esas *tu?*"

To retrovenigis li al komenco dil konverso. Alicia kelke iracis pro la *tre* kurta komenti dal Raupo, ed el extensis su e dicis, tre serioze, "Me opinionas ke vu devas dicar a me qua *vu* esas, unesme."

"Pro quo?" la Raupo questionis.

Yen plusa perplexigiva questiono; e, quoniam Alicia ne povis imaginar bona motivo, e la Raupo semblis esar *tre* malhumoroza, el livis lu.

"Retrovenez!" la Raupo vokis el. "Me volas dicar ulo importanta!"

To sonis promisoza, certe. Alicia turnis su e retrovenis.

"Ne iracez," dicis la Raupo.

"Kad omno?" Alicia questionis, englutante sua iraco maxim multe posible.

"No," dicis la Raupo.

Alicia decidis ke forsan es dezirinda vartar, nam nulo altra es facenda, e forsan lu tandem dicos ad el ulo askoltinda. Dum plura minuti lu fumadis sen parolar, ma tandem lu deskrucumis la brakii, riprenis la nargileo ek la boko e dicis, "Do tu opinionas ke tu transformesis, ka ne?"

"Me kredas ke yes, Sioro," dicis Alicia. "Me ne memoras la kozi quale antee—e me ne mantenas la sama staturo dum mem dek minuti!"

"Ne memoras *qua* kozi?" la Raupo questionis.

"Nu, me esforcis recitar '*Yen ni venas, mikra—*', ma ol divenis tote diferanta!" Alicia respondis tre melankolioze.

"Recitez '*Vu es olda, Patro Schleyer*'," dicis la Raupo.

Alicia juntis la manui e komencis:—

"Vu es olda, Patro Schleyer," dicis la yuno,
  "E vua hari blankeskis tre multe,
Ma vu stacas surkape sub luno e suno—
  Ka vu ne agas, kom oldo, tro stulte?"

"Kom yuno," Patro Schleyer dicis al filiulo,
  "Me timis cerebrala detrimento,
Ma, nun me savas, la kranio kontenas nulo,
  Sencese do me stacas, kar parento."

"Vu es olda," la yuno itere refutis,
 "E vu divenis extreme grasoza;
Vu tamen tra la pordo addope kulbutis—
 Explikez lo: me esas kurioza."

"Kom yuno, per ica unguento nule febla,"
 Dicis la sajo, kun tremant griz hari,
"Me mantenis omna quar membri tre flexebla
 Un shilling po buxo: komprez du pari!"

"Oldo," dicis ilta, "vu havas mandibulo
 Tro febla por mastikar gelatino,
Ma vu manjis ganso kun beko e skapulo—
 Quale do vu explikos tal kulmino?"

"Kom yuno," dicis la patro a la filiulo,
 "Me tante disputis kun la spozino,
Ke la muskul-forteso di la mandibulo
 Restos eterne til la vivo-fino."

"Vu es olda," dicis ilta sen disimulo,
"Ma jonglas, sur la nazo, per anguilo,
Malgre supozata feblesko dil okulo—
Quale do vu divenis tal habilo?"

"Me ja respondizis tri questioni entote;
Dicis ilca; "Ne afektacez gracio!
Ka tu duros totjorne tedar me radote?
Irez, o tu gustos pugno an facio!"

"Tu ne recitis ol korekte," dicis la Raupo.

"Ne *tote* korekte, me agnoskas," dicis Alicia timide; "kelka vorti ya modifikesis."

"Tu fushis ol de la komenco til la fino," dicis la Raupo ferme, e li tacis dum plura minuti.

La Raupo parolis kom unesma.

"Qual staturon tu deziras por tu?" lu questionis.

"Nu, la staturo ne multe importas," Alicia rapide respondis; "ma komprenez ke on ne prizas transformesi tante ofta."

"Me *ne* komprenas," dicis la Raupo.

Alicia dicis nulo: nultempe dum lua tota vivo on tante kontredicabis el, ed el sentis ke el iracos tre balde.

"Ka tu esas kontenta nun?" la Raupo questionis.

"Nu, me preferus esar *kelke* plu granda, Sioro, se to ne jenus vu," Alicia respondis: "ok centimetri esas tante sensignifika staturo."

"Ol esas tamen tre bona staturo!" dicis la Raupo iracoze, erektante su dum parolar (lu esis longa de ok centimetri precize).

"Ma me ne kustumas ol!" pledis kompatinda Alicia per tono patetika. Ed el pensis, "Se nur l'animali ne esus tante facile ofensebla!"

"Tu kustumeskos pos kelka tempo," dicis la Raupo; e lu pozis la nargileo en la boko e rikomencis fumar.

Ca-foye Alicia vartis paciente til ke lu rezolvis itere parolar. Pos kelka minuti la Raupo prenis la nargileo ek la boko, ocitis un- o du-foye e sukusis su. Lore lu decensis del fungo e forreptis en la herbo, nur komentante, dum ke lu iris, "L'una latero altigos tu, e l'altra latero basigos tu."

"L'una latero di *quo*? L'altra latero di *quo*?" pensis Alicia.

"Dil fungo," dicis la Raupo, quale se el questionabus voce; e pos nur instanto lu ne plus esis videbla.

Alicia penseme kontemplis la fungo dum minuto, esforcante dicernar lua du lateri; e, quoniam ol esis tote ronda, la problemo semblis ad el tre desfacila. Tamen el fine extensis la brakii cirkum ol segun quante el povis ed arachis fragmento del bordo per singla manuo.

"E nun, qua esas qua?" el dicis a su, e mordetis mikra fragmento del dextra parto por probar la efiko: en la sequanta instanto el sentis fortega frapo en la infra parto dil mentono: ol shokabis la pedo!

El multe pavoreskis pri tante subita transformeso, ma el sentis ke oportas perdar nula tempo, nam el esis rapide deskreskanta: do el quik komencis manjar fragmento del altra peco. La mentono tante forte presis la pedo, ke apene esis sat multa spaco por apertar la boko; ma el tandem sucesis agar lo, e glutis fragmenteto del sinistra peco.

*   *   *   *   *

*   *   *   *

*   *   *   *   *

"Yen, tandem mea kapo libereskis!" dicis Alicia per tono joyoza, qua divenis alarmoza pos plusa instanto, kande el deskovris ke lua shultri tote ne esas trovebla: kande el regardis adinfre, el povis vidar nur enorme longa kolo, qua semblis elevar su quale trunko ek maro de verda folii jacanta multe sube.

"Ma *quo* esas ta verdajo?" Alicia questionis su. "Ed adube *iris* mea shultri? E ho, mea kompatinda manui, pro quo me ne vidas vi?" El esis movanta li dum parolar, ma, segun semblo, nulo rezultis de to, ecepte kelka sukusado en la fora verda foliaro.

Quoniam Alicia, segun semblo, ne povis levar la manui til la kapo, el esforcis abasar la kapo til la manui, e kun joyo el konstatis ke lua kolo es facile flexebla en omna direcioni, quale serpento. El jus sucesabis kurvigar ol en gracioza zigzago ed esis plunjonta en la foliaro, qua ya esis nulo altra kam la supraji dil arbori sub qui el vagabis, kande akuta siso igis el rapide retrotirar su: granda kolombo, fluginte adsur lua vizajo, komencabis batar el per fortega alo-stroki.

"Serpento!" klamis la Kolombo.

"Me *ne* esas serpento!" dicis Alicia indignante. "Lasez me tranquila!"

"Serpento, me repetas!" insistis la Kolombo, ma per min lauta tono, e dicis pluse kun ulsorta singluto, "me probis omno, ma semblas ke nulo suficas por li!"

"Me tote ne komprenas pri quo vu parolas," dicis Alicia.

"Me probis la radiki di arbori, e me probis rivi, e me probis hegi," la Kolombo duris parolar, sen atencar el; "ma la serpenti! Nulo kontentigas li!"

Alicia divenis sempre plu perplexa, ma el kredis ke ne es utila itere parolar ante ke la Kolombo finos.

"Quale se ne esus sat desfacila parkovar la ovi," dicis la Kolombo, "me mustas anke guatar serpenti nokte e jorne! Ja de tri semani me ne juas mem dormeto!"

"Me tre regretas ke vu subisis tala jeno," dicis Alicia, qua komencis komprenar lo.

"E precize kande me okupis la maxim alta arboro en la foresto," dicis pluse la Kolombo, lautigante la voco til klamo, "e precize kande me komencis kredar ke me tandem libereskis de li, yen ke li reptas de la cielo! Uf! Serpento!"

"Ma me *ne* esas serpento, me repetas!" dicis Alicia. "Me esas—me esas—"

"Nu! *Quo* tu esas?" la Kolombo questionis. "Me vidas ke tu esforcas inventar ulo!"

"Me—me esas puerineto," dicis Alicia, kelke dubiteme, memorante omna transformi quin el subisabis ta-die.

"Yen bela fablo!" dicis la Kolombo per tono di maxim profunda desprizo. "Me ja vidis multa puerineti dum mea vivo, ma nultempe mem *una* kun tala kolo! No, no! Tu esas serpento; ne utilesas negar lo. Me supozas ke nun tu dicos a me ke tu nultempe gustis ovo!”

“Me *ya* gustis ovi, certe,” dicis Alicia, qua ne savis mentiar; “ma komprenez ke puerineti, same kam serpenti, manjas ovi.”

“Me ne kredas lo,” dicis la Kolombo; “ma se to es vera, do eli esas ulsorta serpenti: nulon plusa me povas dicar.”

Ica ideo esis tante nova por Alicia, ke el tacis dum kelka minuti, quo donis al Kolombo la okaziono dicar pluse, “Tu serchas ovi, me tre bone savas *lo*; e pro quo importus a me ka tu esas puerineto o serpento?”

“To multe importas a *me*,” dicis Alicia rapide; “ma me ne serchas ovi, hazarde; e se me ya serchus li, me ne volus le *vua*: a me ne plezas ovi nekoquita.”

“Nu, forirez do!” dicis la Kolombo per budema tono, dum ke lu rikomfortigis su en sua nesto. Alicia squateskis inter l’arbori tam bone kam el povis, nam lua kolo plurfoye intrikesis inter la branchi, e tempope el mustis haltar e liberigar ol. Pos kelka tempo el memoris ke el duras tenar la fungo-peci en la manui, ed el rezolvis rekursar a li tre sorgoze, per mordetar unesme l’una peco e pose l’altra, quo igis el kelka-foye kreskar e kelka-foye deskreskar, til ke el sucesis rekuperar sua ordinara alteso.

Ja de tante longe el ne havis, mem cirkume, la justa staturo, ke to unesme semblis stranja, ma el kustumeskis lo pos kelka minuti e komencis parolar a su, quale kustumale. “Nu, yen ke mea projeto mi-exekutesis! Quante perplexigiva esas tanta transformi! Me nultempe savas certe quon me divenos de un minuto ad altra! Tamen, me rekuperis mea justa staturo: la sequanta tasko esas enirar ta bela gardeno—*quale* agar lo?” Dum dicar lo, el subite arivis a senarboreyo ube stacis dometo alta de kelke plu kam un metro. “Irge qua lojas ibe,” pensis Alicia, “tote ne decus

aparar avan lu kun *ica* staturo: lu ya esvanus pro pavoro!"
Do el rikomencis mordetar la dextra fragmento e ne audacis
proximeskar al domo ante kontraktesir til duadek e tri
centimetri.

Porko e Pipro

Dum un o du minuti el stacis, regardante la domo e questionante su quon agar nun, kande subite lakeo en livreo kureskis ek la foresto—(el konsideris il kom lakeo pro lua livreo: altre, judikante nur per lua vizajo, el nomizabus il fisho)—e laute frapis la pordo per sua fingro-artiki. Ol apertesis da altra lakeo en livreo, kun ronda vizajo e granda okuli quale rano; ed amba lakei, Alicia remarkis lo, havis hararo pudrizita e lokloza qua tote kovris la kapo. Tre kurioza pri la signifiko di to, el kelke reptis ek la foresto por askoltar.

La Fish-Lakeo komencis per prenar, ek sub la brakio, imensa letro, preske tam granda kam il ipsa, ed il transdonis ol al altru, dicante, per tono solena, "Por la Dukino. Invito dal Rejino por ludar kroketo." La Ran-Lakeo repetis, per la sama tono solena, nur kelke chanjante la vort-ordino, "Dal Rejino. Invito por la Dukino por ludar kroketo."

Pose li amba profunde reverencis, e lia lokli interintrikesis.

Alicia tante ridis pro to, ke el mustis retrokurar aden la foresto pro timar ke li audos el; e kande el itere ekregardis, la Fish-Lakeo departabis, e l'altru sidis sur la sulo proxim la pordo, regardante stupide la cielo.

Alicia timide pazis til la pordo e frapis.

"Tal frapado es tote ne-utila," dicis la Lakeo, "pro du motivi. Unesme, pro ke me esas ye la sama latero dil pordo kam tu; duesme, pro ke on tante bruisas interne, ke nulu audus tu." E, fakte, de ibe venis extraordinara bruisego: konstanta ululado e sternutado, e tempope granda krak!, quale se on frakasus plado o poto.

"Voluntez do dicar a me," pregis Alicia, "quale me eniros?"

"Forsan tua frapado havus senco," la Lakeo duris, sen atencar el, "se la pordo stacus inter ni. Exemple, se tu esus *interne*, tu povus frapar, e me povus lasar tu ekirar, ka ne?" Il regardis la cielo senpauze dum parolar, ed Alicia judikis lo kom tote nepolita. "Ma forsan il ne kulpas," el dicis a su; "lua okuli esas ya *tre* proxim lua vertico. Ma omna-kaze il devus respondizar questioni.—Quale me eniros?" el repetis, laute.

"Me sidos hike," la Lakeo komentis, "til morge—"

Ta-instante apertesis la pordo dil domo, e granda plado ekflugis, rekte vers la kapo di la Lakeo: ol nur frolis lua nazo e frakasesis an arboro dop il.

"—o posmorge, forsan," la Lakeo duris per la sama tono, precize quale se nulo eventabus.

"Quale me eniros?" Alicia questionis itere , plu laute.

"*Ka* tu ya eniros?" dicis la Lakeo. "Yen la unesma questiono, ka ne?"

Sendubite: ma ad Alicia ne plezis ke on tale parolas ad el. "Esas ya tre desagreabla," el murmuris a su, "ke omna animali tale disputas. To foligus irgu!"

La Lakeo, segun semblo, opinionis ke to es bona okaziono por repetar lua komento en altra maniero. "Me sidos hike," il dicis, "tempope, dum multa dii."

"Ma quon *me* agez?" Alicia questionis.

"Irge quon tu volas," la Lakeo respondis, e komencis siflar.

"Ho, ne utilesas parolar ad il," dicis Alicia desesperante: "il es tote idiota!" Ed el apertis la pordo ed eniris.

La pordo stacis an granda koqueyo, plena de fumuro de un extremajo til l'altra: la Dukino sidis sur tripeda tabureto en la mezo, dorlotante bebeo; la koquistino esis inklinita super la fairo, quirlante ulo en granda kaldrono qua aspektis plena de supo.

"Certe es tro multa pipro en ta supo!" dicis Alicia a su, tam bone kam el povis, nam el komencabis sternutar.

Certe esis tro multa pipro en la aero. Mem la Dukino sternutis tempope; e la bebeo, nu, lu sternutis e vajisis alternante, sen pauzo mem dum instanto. Nur du individui en la koqueyo ne sternutis: la koquistino e granda kato, qua sidis sur la herdo e ridetis de un orelo til l'altra.

"Voluntez explikar a me," dicis Alicia, kelke timide, nam el ne esis tote certa ka decas parolar kom unesma, "pro quo vua kato ridetas tale?"

"Lu esas de Cheshire," dicis la Dukino, "yen la motivo. Porkacho!"

La lasta vorton el pronuncis tante subite e forte, ke Alicia springis; ma pos instanto el komprenis ke ol vizas ne el ma la bebeo, do el kurajeskis e dicis pluse:—

"Me ne savis ke Cheshirana kati sempre ridetas; fakte, me ne savis ke kati *povas* ridetar."

"Omna kati povas," dicis la Dukino; "e maxim multa agas lo."

"Me konocas nula kato qua ridetas," dicis Alicia tre polite, sentante granda plezuro pro komencar konverso.

"Tu ne savas multo," dicis la Dukino; "e to es fakto."

Ad Alicia tote ne plezis la tono di ta komento, ed el opinionis ke esus bona chanjar la temo dil konverso. Dum ke el serchis altra temo, la koquistino prenis la supo-kaldrono del fairo e quik komencis lansar omno atingebla al Dukino ed al bebeo: unesme la pinco e la pikilo dil kameno; sequis pluvo de kasroli, pladi e pladegi. La Dukino tote ne atencis li, mem kande li atingis el; e la bebeo ja esis vajisanta tante laute, ke esis tote neposibla konstatar ka la frapi vundis lu o ne.

"Ho, *voluntez* atencar quon vu agas!" klamis Alicia, saltante adhike ed adibe, kaptite da teroro. "Ho ve, lua *miniona* nazo!" kande neordinare granda kasrolo flugis reze di ol e preske arachis ol.

"Se omnu atencus sua propra aferi," la Dukino dicis per rauka gruno, "la mondo turnus multe plu rapide kam nun."

"Quo *ne* esus avantajo," dicis Alicia, tre joyoza pro havar okaziono por kelke ostentar sua savo. "Imaginez nur quante to trublus la jorno e la nokto! Vu ya savas ke la tero bezonas duadek e quar hori por kompleta karakolo—"

"Yen quale me traktos tua kara kolo," dicis la Dukino, "dehakez lua kapo!"

Alicia jetis pasable anxioza regardo al koquistino, por vidar kad elca komprenis l'insinuajo; ma la koquistino okupis su per quirlar la supo e, segun sua aspekto, ne esis askoltanta, do el dicis pluse: "Duadek e quar hori, *me kredas*; o ka forsan dek e du? Me—"

"Ho, ne tedez *me*," dicis la Dukino; "me nultempe toleris kalkuli!" E dicinte lo el rikomencis dorlotar sua infanto, kantante ulsorta lul-kanto a lu, e forte sukusante lu ye la fino di singla verso:—

> *"Parolez rude al infanteto,*
> *E batez il kande lu sternutas:*
> *Il agas lo sen irga regreto,*
> *Nam il savas ke il miskondutas."*

REFRENO
(quan kunkantis la koquistino e la bebeo):—
"Wau! Wau! Wau!"

Dum ke la Dukino kantis la duesma strofo dil kanto, el duris fortege baskuligar la bebeo, e la kompatinda mikro vajisis tante, ke Alicia apene audis la vorti:—

> *"Me parol rude al infanteto,*
> *Me batas il kande lu sternutas;*
> *Nam il havas tre granda dileto*
> *A pipro, e tote ne konsputas!"*

REFRENO
"Wau! Wau! Wau!"

"Yen! Dorlotez lu kelke, se vu deziras!" La Dukino dicis ad Alicia, jetante ad el la bebeo. "Me mustas prontigar me por ludar kroketo kun la Rejino," ed el rapide ekiris la chambro. La koquistino lansis padelo ad el dum lua ekiro e preske atingis el.

Alicia kelke desfacile sizis la bebeo, nam lu esis drola-forma mikro ed extensis la brakii e gambi en omna direcioni, "quale asterio," pensis Alicia. La kompatinda mikro ronkadis quale vapor-motoro kande el sizis lu, e duris faldar e rektigar su, tale ke entote, dum la unesma un o du minuti, el apene povis tenar lu.

Quik kande el imaginabis apta maniero bersar lu (nome, tordar lu quale nodo, e pose ferme tenar lua dextra orelo e sinistra pedo, por ke lu ne destordez su), el ekportis lu aden la libera aero. "Se me ne forprenos ca infanto kun me," pensis Alicia, "li infalible ocidos lu tre balde: kad abandonar lu ne signifikus asasinar lu?" La lasta vortin el dicis voce, e la mikro respondis per gruno (lu cesabis sternutar lore). "Ne grunez," dicis Alicia; "ne decas tale expresar su."

La bebeo itere grunis, ed Alicia tre anxioze regardis lua vizajo por vidar quo eventas a lu. Sendubite lu havis *tre* acensanta nazo, plu simila a muzelo kam a vera nazo; ed anke lua okuli montresis tro mikra por bebeo: omno konsiderite, ad Alicia tote ne plezis lua aspekto. "Ma forsan lu nur singlutis," el pensis, ed el itere rigardis lua okuli, por vidar kad ibe es lakrimi.

No, ne esis lakrimi. "Se tu transformesos a porko, kara," dicis Alicia, serioze, "me ne plus dorlotos tu. Atencez!" La kompatinda mikro itere singlutis (o grunis, to ne esis dicernebla), e li duris marchar tacante.

Alicia komencis pensar, "Nu, quon me agez pri ca ento, kande me retroportos lu adheme?" kande lu itere grunis, tante forte, ke el kelke alarmite regardis lua vizajo. Ca-foye el *ne* povis erorar: lu esis nulo altra kam porko, ed el sentis ke esus tote absurda se el durus portar lu.

Do el depozis la mikro e sentis granda alejeso pro vidar lu sengrunte fortrotar aden la foresto. "Se lu parkreskabus," el dicis a su, "lu divenabus extreme leda infanto: ma lu es pasable bela porko, me kredas." Ed el komencis pensar pri altra infanti quin el konocis e qui povus esar tre bona porki, e precize kande el esis dicanta a su, "se on nur savus korekte transformar li—" el kelke tresayis pro vidar ke la Cheshirana Kato sidas sur brancho di arboro distanta per kelka metri.

La Kato nur ridetis larje kande lu vidis Alicia. Lu aspektis bonhumoroza, el kredis: tamen lu ya havis *tre* longa ungli e multega denti, do el sentis ke oportas traktar lu respektoze.

"Cheshirana Kateto," el komencis, kelke timide, nam el tote ne savis kad a lu plezos ta nomo: tamen, lu nur ridetis kelke plu larje. "Nu, lu es kontenta til nun," pensis Alicia, ed el dicis pluse, "Voluntez dicar a me en qua direciono me irez de hike."

"To multe dependas de adube tu volas irar," la Kato respondis.

"Ne multe importas adube—" dicis Alicia.

"Do ne importas en qua direciono tu iros," dicis la Kato.

"—se nur me iros ad *ula loko*," Alicia explikis pluse.

"Ho, tu certe iros ad ula loko," dicis la Kato, "se tu sat longe marchos."

Alicia sentis ke ne es posibla negar lo, do el probis altra questiono. "Quala homi habitas hike?"

"En *ta* direciono," la Kato dicis, gestante per sua dextra pedo, "habitas Chapelisto: ed en *ta* direciono," gestante per l'altra pedo, "habitas Martala Leporo. Vizitez quan tu volas: li amba es fola."

"Ma me ne volas vizitar foli," Alicia komentis.

"Ho, to esas ne-evitebla," dicis la Kato: "ni omna esas fola hike. Me esas fola. Tu es fola."

"Quale vu savas ke me esas fola?" Alicia questionis.

"Tu certe es tala," respondis la Kato, "se ne, tu ne venabus adhike."

Alicia tote ne judikis lo kom pruvo: tamen el dicis pluse: "E quale vu savas ke vu es fola?"

"Unesme," dicis la Kato, "hundo ne es fola. Ka tu asentas lo?"

"Me supozas ke yes," dicis Alicia.

"Nu, do," la Kato duris, "hundo grondas kande lu iracas, ed agitas la kaudo kande lu joyas. Nu, *me* grondas kande me joyas ed agitas la kaudo kande me iracas. Konseque, me esas fola."

"Ton *me* nomas ronrono, ne grondo," dicis Alicia.

"Nomez ol segunvole," dicis la Kato. "Ka tu ludos kroketo kun la Rejino cadie?"

"To multe plezus a me," dicis Alicia, "ma me ne ja recevis invito."

"Tu vidos me ibe," dicis la Kato, e lu desaparis.

To ne multe surprizis Alicia, nam el komencis tote kustumeskar stranja eventi. Dum ke el duris regardar la loko ube lu esabis, lu subite riaparis.

"Nu, quon tamen divenis la bebeo?" dicis la Kato. "Me preske obliviis questionar pri to."

"Lu divenis porko," Alicia respondis tre quiete, quale se la Kato retrovenabus tote naturale.

"Me kredis ke tale eventos," dicis la Kato, e lu itere desaparis.

Alicia vartis dum kelka tempo, mi-expektante rividor lu, ma lu ne aparis, e pos poka minuti el duris marchar vers la habiteyo dil Martala Leporo. "Me ja vidis chapelisti," el dicis a su: "la Martala Leporo esos multe plu interesiva, e forsan, pro ke nun ne esas mayo, lu ne esos tre fola—adminime, ne tam fola kam dum marto." Dicante lo, el regardis adsupre, ed itere yen la Kato, sidanta sur brancho di arboro.

"Ka tu dicis 'porko' o 'korko'?" la Kato questionis.

"Me dicis 'porko'," Alicia respondis; "e plezus a me se vu ne durus aparar e desaparar tante subite: vu tote vertijigos me!"

"Bone," dicis la Kato; e ca-foye lu desaparis tre lente, komencante per l'extremajo dil kaudo e finante per la larja rideto, qua restis dum kelka tempo pos ke desaparabis la cetera korpo.

"Nu! Me ofte vidis kato sen rideto," pensis Alicia; "ma rideto sen kato! To es la maxim stranja kozo quan me vidis dum mea tota vivo!"

Pos marchir nelonge, el videskis la domo dil Martala Leporo: el kredis ke ol certe es la justa domo, pro l'orelatra kamen-tubi e felizita tekto. La domo esis tante granda, ke el ne volis pluproximeskar ante mordetar plusa peco del sinistra parto dil fungo, ed altigar su a cirkume sisadek centimetri: mem lore el marchis vers ol pasable timide, dicante a su, "Supozez ke lu fakte es tote fola! Me preske preferus vizitar la Chapelisto vice lu!"

Fola Teo-Partio

On aranjabis tablo sub arboro avan la domo, e la
Martala Leporo e la Chapelisto esis drinkanta teo an
ol: Gliro sidis inter li, profunde dormante, e l'altra du uzis lu
quale kuseno, apogante sua kudi an lu e parolante trans lua
kapo. "Tre deskomfortoza por la Gliro," pensis Alicia; "ma,
pro ke lu dormas, me supozas ke to ne desquietigas lu."

La tablo esis granda, ma la trio amaseskis an angulo.
"Mankas spaco! Mankas spaco!" li klamis kande li vidis
Alicia venar. "Esas *multa* spaco!" dicis Alicia indignante, ed
el sideskis en granda fotelo ye un del extremaji dil tablo.

"Prenez kelka vino," dicis la Martala Leporo per kurajigiva
tono.

Alicia cirkumregardis la tota tablo, ma esis nur teo sur ol.
"Me ne vidas vino," el komentis.

"Nula vino esas," dicis la Martala Leporo.

"Do vu ne esis polita kande vu ofris ol," dicis Alicia iracoze.

"Tu ne esis polita kande tu sideskis sen invito," dicis la
Martala Leporo.

"Me ne savis ke la tablo es *vua*," dicis Alicia; "ol es aranjita por multe plu kam tri."

"Tua hararo bezonas rekorto," dicis la Chapelisto. Il ja de kelka tempo esis regardanta Alicia tre kurioze, e nun il parolis unesma-foye.

"Vu bezonas lernar ne facar personal komenti," dicis Alicia kelke severe: "esas tre nepolita."

La Chapelisto tre larje apertis sua okuli audinte lo; ma il *dicis* nur, "Pro quo korvo es simil a skribo-tablo?"

"Nu, ni amuzesos nun!" pensis Alicia. "Me joyas ke li komencas questionar me per enigmati—me kredas ke me povos divinar ol," el adjuntis voce.

"Ka tu volas dicar ke tu kredas ke tu povos respondizar ol?" la Martala Leporo questionis.

"Exakte," Alicia respondis.

"Do tu devas dicar quon tu volas dicar," la Martala Leporo duris.

"Me ya agas lo," Alicia rapide respondis; "adminime—adminime, me volas dicar quon me dicas—es tote sama, komprenez lo."

"Nule sama!" dicis la Chapelisto. "Tu same bone povus dicar ke 'Me vidas quon me manjas' esas sama kam 'Me manjas quon me vidas'!"

"Tu same bone povus dicar," adjuntis la Martala Leporo, "ke 'Me prizas quon me recevas' esas sama kam 'Me recevas quon me prizas'!"

"Tu same bone povus dicar," adjuntis la Gliro, qua, segun semblo, parolis dumdorme, "ke 'Me respiras kande me dormas' esas sama kam 'Me dormas kande me respiras'!"

"To ya *esas* sama por tu," dicis la Chapelisto, e nun la konverso cesis, e la grupo sidis tacante dum instanto, dum ke Alicia pensis pri omno quon el memoris pri korvi e skribotabli, quo ne esis multa.

La Chapelisto kom unesma ruptis la silenco. "Quantesma dio dil monato es?" il questionis, turnante su ad Alicia: il prenabis sua horlojeto ek la posho e regardis ol desquiete, sukusante ol tempope e tenante ol an sua orelo.

Alicia pensis dum kelka instanti e pose respondis: "La quaresma."

"Ol eroras per du dii!" jemis la Chapelisto. "Me dicis a tu ke butro ne es apta por la mekanismo!" il adjuntis, regardante iracoze la Martala Leporo.

"Ol esis la *maxim bona* butro," la Martala Leporo humile respondis.

"Yes, ma sendubite anke kelka pan-peceti enfalis," la Chapelisto grunis: "tu devabus ne indutar ol per la pan-kultelo."

La Martala Leporo prenis la horlojeto e triste regardis ol: pose lu trempis ol en sua taso de teo ed itere regardis ol: ma lu ne povis imaginar ulo plu dicinda kam la unesma komento, "Komprenez ke ol esis la *maxim bona* butro."

Alicia til lore esabis regardanta trans ilua shultro kelke kurioze. "Vere drola horlojeto!" el komentis. "Ol montras la dio dil monato e ne montras la kloki!"

"Pro quo do?" murmuris la Chapelisto. "Ka *tua* horlojeto montras a tu la yaro?"

"Kompreneble ne," Alicia respondis tote senhezite: "ma to es pro ke la yaro duras tante longe."

"Es tote sama pri la *mea*," dicis la Chapelisto.

Alicia esis tote perplexa. La komento dal Chapelisto semblis ad el esar tote sensenca, quankam li certe esis parolanta en la sama linguo. "Me ne tote komprenas vu," el dicis tam polite kam el povis.

"La Gliro itere dormas," dicis la Chapelisto, e lu varsis kelka varmega teo adsur lua nazo.

La Gliro sukusis la kapo nepaciente e dicis, sen apertar la okuli, "Kompreneble, kompreneble; me ipsa intencis dicar precize lo."

"Ka tu ja divinis l'enigmato?" la Chapelisto questionis, turninte su itere ad Alicia.

"No, me cedas," Alicia respondis. "Qua esas la respondo?"

"Me tote ne savas," dicis la Chapelisto.

"Anke me ne," dicis la Martala Leporo.

Alicia sospiris fatigite. "Me opinionas ke vu povus plu bone uzar la tempo," el dicis, "kam disipar ol per enigmati nesolvebla."

"Se tu konocus la Tempo tam bone kam me," dicis la Chapelisto, "tu ne parolus pri disipar ol. Ol esas *il*."

"Me ne komprenas," dicis Alicia.

"Kompreneble ne!" dicis la Chapelisto, sukusante la kapo desestimoze. "Probable tu nultempe parolis al Tempo!"

"Forsan ne," Alicia cirkonspekte respondis; "ma me savas ke me mustas batar la tempo kande me studias muziko."

"Ha! Yen expliko," dicis la Chapelisto. "Il ne toleras batado. Nu, se tu nur komplezus ad il, il agus preske irgo quon tu volas koncerne la horlojeto. Exemple, supozez ke es non kloki matine, la justa tempo por komencar lecioni: tu mustus nur susurar sugesto al Tempo, e la horlojeto turnus quik! Un kloko e duimo, la tempo por dejuno!"

("Ton me volegas," la Martala Leporo dicis a su susure.)

"Esus bonega, certe," dicis Alicia penseme: "ma lore, komprenez lo: me ne hungrus por dejuno."

"Forsan ne en la komenco," dicis la Chapelisto: "ma tu povus mantenar ta kloki tam longe kam tu dezirus."

"Ka tale *vu* agas?" Alicia questionis.

La Chapelisto sukusis la kapo tre triste. "Ne me!" il respondis. "Ni disputis en la pasinta marto—quik ante ke *il* foleskis, komprenez lo—(per sua kuliero il gestis al Martala Leporo), "—to eventis dum la granda koncerto ofrita dal Damo di Kordii, e me mustis kantar,

'Brilez Ido, nia grand busolo,
Kom la vera linguo futural!'

"Ka tu forsan konocas la kanto?"

"Me audis ulo simila," dicis Alicia.

"Komprenez ke ol duras," la Chapelisto dicis pluse, "tale:—

> *'Brilez stelo an la kamizolo,*
> *Klare tra la mondo unesal!*
> *Brilez, brilez—'"*

Nun la Gliro sukusetis su e komencis kantar dormante *"Brilez, brilez, brilez, brilez—"* e lu duris tante longe ke li mustis pinchar lu por ke lu cesez.

"Nu, me apene parkantabis la unesma strofo," dicis la Chapelisto, "kande la Rejino klamachis 'Il violentas la tempo! Dehakez lua kapo!'"

"Abomininde kruela!" klamis Alicia.

"E de lore," la Chapelisto triste dicis pluse, "il refuzas omna mea demandi! Esas sempre sis kloki nun."

Brilanta ideo aparis en la kapo di Alicia. "Ka, pro to, tanta teo-utensili esas pozita hike?" el questionis.

"Yes, precize pro to," la Chapelisto respondis sospirante: "esas sempre la teo-tempo, e ni havas nula pauzo por lavar la utensili."

"Do vi konstante diplasas vi cirkum la tablo, me supozas?" dicis Alicia.

"Precize tale," dicis la Chapelisto: "dum ke l'utensili paruzesas."

"Ma quo eventas kande vi riatingas la komenco?" Alicia audacis questionar.

"Prefere ni chanjez la temo," la Martala Leporo interruptis ocitante. "Ico komencas tedar me. Me propozas ke la yunino rakontez ulo a ni."

"Ma me savas nula rakonto," dicis Alicia, kelke pavorante pro la propozo.

"Do la Gliro rakontez!" li amba klamis. "Vekez, Gliro!" E li pinchis lu amba-latere samtempe.

La Gliro lente apertis la okuli. "Me ne esis dormanta," lu dicis per rauka, febla voco. "Me audis omna vorto dicita da vi."

"Rakontez ulo a ni!" dicis la Martala Leporo.

"Yes, me pregas!" Alicia demandis.

"E hastez," adjuntis la Chapelisto, "nam altre tu ridormeskos ante finar."

"Esis olim tri fratineti," la Gliro komencis rapidege; "e li nomesis Lece, Acilia e Tilda; e li habitis sur la fundo di puteo—"

"Quale li nutris su?" questionis Alicia, quan sempre multe interesis manjado e drinkado.

"Li nutris su per melaso," respondis la Gliro, pensinte dum kelka instanti.

"Komprenez ke li ne povus agar lo," Alicia milde komentis. "Li maladeskus."

"Tala li esis," dicis la Gliro; "*tre* malada."

Alicia esforcis imaginar quala povus esar tante extra-ordinar viv-maniero, ma to perplexigis el tro multe, do el duris: "Ma pro quo li habitis sur la fundo di puteo?"

"Prenez kelka teo pluse," la Martala Leporo dicis ad Alicia, tre zeloze.

"Me prenis nula quanto til nun," Alicia respondis per tono di ofenseso, "do me ne povas prenar pluse."

"Tu certe volas dicar ke tu ne povas prenar *minuse*," replikis la Chapelisto: "esas ya tre facila prenar *pluse* kam nulo."

"Nulu demandis *vua* opiniono," dicis Alicia.

"Nun qua facas personal komenti?" la Chapelisto questionis triumfale.

Alicia ne savis precize quale respondar: do el prenis por su kelka teo e pano-kun-butro, e lore turnis su al Gliro e repetis sua questiono. "Pro quo li habitis sur la fundo di puteo?"

La Gliro itere pensis dum kelka instanti e pose dicis, "Ol esis melaso-puteo."

"Tal kozo ne existas!" Alicia klameskis tre iracoze, ma la Chapelisto e la Martala Leporo dicis "Shut! Shut!" e la Gliro budante komentis, "Se tu ne povas esar polita, prefere finez ipse la rakonto."

"No, durez, me pregas!" dicis Alicia tre humile. "Me ne interruptos vu itere. Probable existas *una*."

"Una, advere!" dicis la Gliro indignante. Tamen il konsentis durar. "E do ica tri fratineti—savez ke li esis lernanta desegnar—"

"Quon li desegnis? Alicia questionis, tote obliviante sua promiso.

"Melaso," la Gliro respondis, tote sen reflektir ca-foye.

"Me volas neta taso," interruptis la Chapelisto: "singlu transirez al nexta plaso."

Il diplasis su dum parolar, e la Gliro sequis lu: la Martala Leporo okupis la plaso dil Gliro, ed Alicia pasable nevolunte transiris al plaso dil Martala Leporo. Nur la Chapelisto profitis del chanjo: e nun Alicia standis multe plu male, nam la Martala Leporo acidente renversabis la lakto-krucho adsur sua plado.

Alicia ne volis itere ofensar la Gliro, do el dicis tre cirkonspekte: "Ma me ne komprenas. Por desegnar melaso on bezonas inspiro. De ube li cherpis ol?"

"On povas cherpar aquo de aquo-puteo," la Chapelisto respondis; "do me supozas ke on povas cherpar melaso de melaso-puteo—ka ne, stupido?".

"Ma li esis interne dil puteo," Alicia dicis al Gliro, rezolvinte ne atencar ca lasta komento.

"Evidente li esis," dicis la Gliro: ma li esis externi."

Ca respondo tante konfuzigis kompatinda Alicia, ke el lasis la Gliro plue rakontar kelke longe sen interrupto.

"Li esis lernanta desegnar," la Gliro dicis pluse, ocitante e fricionante la okuli, pro divenir tre somnolanta; "e li desegnis omna-sorta kozi—omno komencanta per M—"

"Pro quo per M?" Alicia questionis.

"Pro quo ne?" la Martala Leporo respondis.

Alicia tacis.

La Gliro klozabis la okuli e komencis dormeskar; ma, pinchite dal Chapelisto, lu rivekis kun krieto e duris: "—komencanta per M, exemple muso-kaptili, e la maro, e memoro e multe—tu savas ke on dicas pri kozi ke li esas 'multe plu egala kam simila'—kad ultempe tu vidis desegnuro pri ulo plu egala kam simila?"

"Nu, por respondizar vua questiono," dicis Alicia, tre konfuzigita, "no, me pensas—"

"Do ne parolez," dicis la Chapelisto.

Ica despolitajo superiris la toleriveso di Alicia: el levis su kun granda repugneso e formarchis; la Gliro quik dormeskis, e nulu del altri mem atencetis elua foriro, quankam el un- o du-foye retroregardis, mi-esperante ke li vokos el: kande el lasta-foye vidis li, li esis penanta insinuar la Gliro aden la teo-poto.

"Nu, certe me nultempe riiros *adibe*!" dicis Alicia, dum ke el atencoze marchis tra la foresto. "To esis la maxim stupida teo-partio quan me asistis dum mea tota vivo!"

Precize kande el dicis lo, el remarkis ke un del arbori havas pordo direte ad-interna. "Tre stranja!" el pensis. "Ma omno esas stranja cadie. Pro quo ne quik enirar?" Ed el eniris.

Itere el trovesis en la longa koridoro e proxim la mikra vitra tablo. "Nu, ca-foye me plu bone sucesos," el dicis a su, ed unesme prenis la mikra ora klefo ed uzis ol por apertar la pordo adgardena. Lore el komencis mordetar la fungo (el gardabis peco de ol en sua posho) til ke el divenis alta de cirkume triadek centimetri: pose el marchis alonge la mikra koridoro: e *lore*—el tandem trovesis en la bela gardeno, inter la brilanta flor-bedi e la kolda fonteni.

La Kroketo-Ludeyo dil Rejino

Granda roziero stacis apud la enireyo dil gardeno: la rozi kreskanta sur ol esis blanka, ma tri gardenisti okupis su per diligente redigar oli. Alicia judikis lo kom stranja, ed el proximeskis por regardar li, e precize kande el atingis li, el audis un de li dicar, "Atencez, do, Kin! Ne spricizez me per farbo tale!"

"Ne me kulpas," dicis Kin, per budema tono; "Sep frapis mea kudo."

Pro to Sep regardis adsupre e dicis, "Yes, ya, Kin! Sempre akuzez altru!"

"*Tu* ne parolez!" dicis Kin. "Ja hiere me audis la Rejino dicar ke tu meritas senkapigo!"

"Pro quo?" dicis la unesme-parolinto.

"Ico tote ne koncernas *tu*, Du!" dicis Sep.

"Yes, ico koncernas lu!" dicis Kin. "E me informos lu—To esis pro ke tu portis al koquistino tulipo-radiki vice onyoni."

Sep forjetis sua brosilo e jus dicabis, "Nu, ek omna nejustaji—" kande lua okulo videskis Alicia, dum ke el stacis regardante li, ed il subite cesis parolar: anke l'altri turnis su por regardar, ed omni profunde reverencis.

"Me pregas vi dicar a me," dicis Alicia, kelke timide, "pro quo vi farbizas ta rozi?"

Kin e Sep dicis nulo, li nur regardis Du. Du dicis per nelauta voco, "Nu, la fakto esas, savez lo, Damzelo, ke ica arboro devabus esar *reda* roziero, e ni erore plantacis blanka, e se la Rejino saveskus lo, omna nia kapi dehakesus, komprenez lo. Do savez lo, Damzelo, ni maxim multe posible penas, ante lua retroveno—" Ta-instante Kin, qua til lore esis desquiete regardanta trans la gardeno, klamis "La Rejino! La Rejino!" e la tri gardenisti quik prosternis. Sonis multa pedo-pazi, ed Alicia turnis su, avide dezirante vidar la Rejino.

Unesme venis dek soldati portanta bastoni: omni esis forme simila al tri gardenisti, oblonga e plata, kun la manui e pedi ye l'anguli: sequis la dek kortani; li esis ornita tote per kareli, e marchis duope, same kam la soldati. Dop li venis la rejala filii; li esis dek, e la minioni marchis gaye saltetante, manuo-en-manue, duope: li omna esis ornita per kordii. Sequis la gasti, maxim-granda-parte Rejuli e Rejini, ed inter li Alicia rikonocis la Blanka Kuniklo: lu paroladis rapide e nervoze, ridetante pro omno dicita, e preterpasis sen remarkar el. Sequis la Pajo di Kordii, portante la krono dil Rejulo sur karmezina velura kuseno; e, kom lasta en la granda procesiono, venis LA REJULO E LA DAMO DI KORDII.

Alicia pasable dubitis kad anke el devus prosternar quale la tri gardenisti, ma el memoris nula tala regulo pri procesioni; "e, pluse, por quo utilesus procesiono," pensis el, "se omni devus prosternar e tale ne povus vidar ol?" Do el stacis senmove en sua plaso e vartis.

Kande la procesiono atingis la plaso di Alicia, li omna haltis e regardis el, e la Rejino dicis, severe, "Qua es ica?" El tale questionis la Pajo di Kordii, qua nur reverencis e ridetis responde.

"Idioto!" dicis la Rejino, sukusante la kapo nepaciente; e, turninte su ad Alicia, el duris, "Quale tu nomesas, puero?"

"Me nomesas Alicia, Sinioro," respondis Alicia tre polite; ma el dicis pluse, nur a su, "Ho, li tamen esas nur ludo-kartaro. Me ne pavorez pri li!"

"E qui esas *ici?*" la Rejino questionis, indikante la tri gardenisti qui jacis cirkum la roziero; nam, komprenez lo, li jacis kun la facio adinfre, e la ilustruro sur lia dorso egalesis olta sur l'altra karti, e pro to el ne povis savar ka li esas gardenisti, o soldati, o kortani, o tri de lua propra filii.

"Quale *me* povus savar lo?" dicis Alicia, ed el surprizesis pro sua propra kurajo. "To ne koncernas *me*."

La Rejino divenis karmezina pro furio, e regardinte el dum instanto quale sovaja bestio, klamis, "Senkapigez lu! Senkap—"

"Sensencajo!" dicis Alicia, tre laute e rezolveme, e la Rejino taceskis.

La Rejulo tushis elua brakio e timide dicis, "Reflektez, karino: el es nur puero!"

La Rejino iracoze eskartis su de il e dicis al Pajo: "Transturnez li!"

La Pajo agis lo, kun granda sorgo, per un pedo.

"Levez vi!" klamis la Rejino per akuta, lauta voco, e la tri gardenisti quik springis e komencis reverencar al Rejulo, al Rejino, al rejala filii ed ad omni cetera.

"Cesez lo!" klamegis la Rejino, "Vi vertijigas me." E lore, turninte su al roziero, el dicis pluse, "Quon vi *agadis* hike?"

"Voluntez, Sinioro," dicis Du, per tre humila tono, genupozante dum ke il parolis, "ni penadis—"

"*Me* vidas!" dicis la Rejino, qua dume examenabis la rozi. "Senkapigez li!" e la procesiono duris marchar, ma tri del soldati restis dope por mortigar la kompatinda gardenisti, qui kuris vers Alicia por serchar protekto.

"On ne senkapigos vi!" dicis Alicia, ed el pozis li aden granda flor-poto qua stacis apude. La tri soldati vagadis dum kelka minuti, serchante li, e pose quiete formarchis por rajuntar la ceteri.

"Ka lia kapi desaltis?" klamis la Rejino.

"Lia kapi departis, se to plezas a vu, Reja Sinioro!" la soldati klamis responde.

"Bone!" klamis la Rejino. "Ka tu savas ludar per kroketo?"

La soldati tacis e regardis Alicia, nam la questiono evidente koncernis el.

"Yes!" klamis Alicia.

"Venez, do!" grondis la Rejino, ed Alicia eniris la procesiono, questionante su pri to quo nun eventos.

"Esas—esas tre bela dio!" dicis timida voco apud el. El esis marchanta apud la Blanka Kuniklo, qua regardetis anxioze elua vizajo.

"Tre," dicis Alicia. "Ube esas la Dukino?"

"Shut! Shut!" dicis la Kuniklo per nelauta, hastema tono. Il regardis anxioze trans sua shultro dum parolar e pose levis su sur la pedo-pinti, proximigis la boko ad elua orelo e susuris, "On enuncis morto-puniso kontre el."

"Pro quo?" dicis Alicia.

Ka tu dicis 'Regretinda!'? la Kuniklo questionis.

"Tote ne," Alicia respondis. "Me opinionas ke to es tote ne regretinda. Me dicis 'Pro quo?'"

"El frapis la oreli dil Rejino—" la Kuniklo dicis. Alicia rideskis. "Ho, shut!" la Kuniklo susuris per pavoroza tono. "La Rejino audos tu! Komprenez, el venis kelke tarde, e la Rejino dicis—"

"Irez a via plasi!" klamis la Rejino per tondratra voco, ed on komencis diskurar en omna direcioni, shokante e faligante l'uni l'altri: tamen li tranquileskis pos kelka minuti, e la ludo komencis.

Alicia pensis ke el nultempe vidabis tante stranja kroketo-ludeyo dum sua vivo: olta konsistis tote ek saliaji e sulki; la kroketo-buli esis vivanta herisoni, e la marteli esis vivanta flamingi, e la soldati mustis flexar su e stacar sur la manui e pedi por divenar arki.

La precipua desfacilajo quan Alicia renkontris unesme esis manuagar sua flamingo: el sucesis sat komode aranjar lua korpo sub la brakio, kun la gambi pendanta, ma maxim ofte, precize kande el sucesis bone rektigar lua kolo ed esis fraponta la herisono per lua kapo, lu *tordis* su e regardis elua vizajo kun tante perplexa mieno ke el ne povis ne krevar pro rido: e kande el sucesis abasar lua kapo ed esis rikomenconta, el multe iraceskis pro remarkar ke la herisono desvolvabis su e komencis forreptar: pluse, saliajo o sulko ordinare jenis el irge ube el volis frapar la herisono, e quoniam la flexita soldati konstante rektigis su e marchis ad altra parti di la ludeyo, Alicia balde konkluzis ke la ludo es advere tre desfacila.

Omna ludanti ludis samtempe, sen vartar sua foyo, disputante sencese e postulante la herisoni necedeme; e tre balde la Rejino divenis furioza e komencis tramplar e klamar "Senkapigez il!" o "Senkapigez el!" preske omna-minute.

Alicia komencis sentar granda destranquileso: quankam el ankore ne disputabis kun la Rejino, el savis ke to povus eventar ye irga minuto, "e lore," pensis el, "quon me divenus? On tante prizas senkapigado hike: me tre multe astonesas pro trovar ankore vivanti!"

Dum ke el serchis maniero eskapar e questionis su kad el povus forirar neremarkate, ulo stranja en la aero atraktis lua atenco: ol multe perplexigis el unesme, ma regardinte ol dum kelka minuti el rikonocis ol kom rideto, ed el dicis a su, "Yen la Cheshirana Kato: nun me povos konversar kun ulu."

"Quale standas la afero?" la Kato questionis, quik kande la grandeso di lua boko suficis por parolar.

Alicia vartis til ke la okuli aparis e lore afirmis per kapo-signo. "Ne utilesos parolar a lu," el pensis, "ante ke aparos lua oreli, od adminime un de li." Pos plusa minuto la tota kapo aparis, e lore Alicia depozis sua flamingo e komencis raportar pri la ludo, multe joyante pro ke ulu askoltas el. La Kato, segun semblo, pensis ke nun sat multa parti de lua korpo es videbla, e plusa parti ne aparis.

"Me opinionas ke li tote ne honeste ludas," dicis Alicia, pasable plendeme, "ed omni disputas tante ke on ne povas audar sua propra parolo—e precipue semblas ke li havas nula reguli; se tamen existas reguli, nulu atencas oli—e vu ne povas imaginar quale on konfuzeskas pro vidar omna kozi vivanta; exemple, yen l'arko tra qua me mustas frapar mea herisono: ol promenas ye l'altra extremajo dil ludeyo—e me jus mustis atingar la herisono dil Rejino, ma lu forkuris kande lu vidis ke la mea es venanta!"

"Ka la Rejino plezas a tu?" la Kato questionis per nelauta voco.

"Tote ne," Alicia respondis: "el esas tante—" Precize lore el remarkis ke la Rejino stacas dop el tre proxime, askoltante: do el dicis pluse "—probable vinkonta, ke apene utilesas finar la ludo."

La Rejino ridetis e forpazis.

"A qua tu *parolas*?" la Rejulo questionis, venante ad Alicia e regardante la kapo dil Kato tre kurioze.

"Lu esas amiko di me—Cheshirana Kato," Alicia respondis: "permisez ke me introduktez lu."

"A me tote ne plezas lua aspekto," dicis la Rejulo: "tamen lu darfas kisar mea manuo, se lu deziras lo."

"Me preferas ne agar lo," la Kato komentis.

"Ne esez impertinenta," dicis la Rejulo, "e ne regardez me tale!" Il pazis addop Alicia dum ke il parolis.

"Kato darfas regardar rejo," dicis Alicia. "Me lektis lo en ula libro, ma me ne memoras en qua."

"Nu, lu esas forigenda," la Rejulo dicis tre rezolveme, ed il vokis la Rejino, qua preterpasis ta-instante, "Karino! Voluntez forigar ca kato!"

La Rejino konocis nur un metodo solvar omna problemi, granda o mikra. "Senkapigez lu!" el dicis, sen mem regardar.

"Me ipsa queros la mortigisto," dicis la Rejulo fervoroze, ed il forhastis.

Alicia pensis ke esos bona retroirar e vidar quale la ludo progresas, nam el audis la fora voco dil Rejino, qua pasionoze klamadis. El ja audabis el enuncar morto-puniso kontre tri ludanti pro ke li faliis sua foyo, ed ad el tote ne plezis la nuna situaciono, nam la ludo esis tante konfuza, ke el nultempe savis kad es lua foyo o ne. Do el iris serchar sua herisono.

La herisono luktis kontre altra herisono, ed ad Alicia to semblis tre bona okaziono por atingar un de li per l'altra: l'unika problemo esis ke elua flamingo transirabis al altra latero dil gardeno, ed Alicia povis vidar ke ibe lu kelke senpove esforcas flugar adsur arboro.

Kande el tandem sizis la flamingo e retroportis lu, la lukto cesabis e la du herisoni ne plus esis videbla: "ma ne multe importas," pensis Alicia, "nam omna arki ja foriris de ca latero di la ludeyo." Do el pozis la flamingo sub la brakio, por ke lu ne eskapez itere, e retroiris por kelke plue konversar kun sua amiko.

Kande el retrovenis al Cheshirana Kato, el surprizesis pro vidar tre granda turbo cirkondanta lu: disputo eventis inter la mortigisto, la Rejulo e la Rejino, qui omna samtempe parolis, dum ke omni cetera tote tacis ed aspektis tre netranquila.

Quik kande Alicia aparis, la trio suplikis ke el solvez la disputo, e li repetis ad el sua argumenti, quankam, quoniam li omna parolis samtempe, esis tre desfacila por el komprenar precize quon li dicas.

La mortigisto argumentis ke ne es posibla tranchar kapo se ne existas korpo de qua on povas tranchar ol: ke til nun il nultempe mustis agar tal kozo, ed il ne komencos nun en *sua* evo.

La Rejulo argumentis ke omno kun kapo esas senkapi-gebla, e ke on ne dicez sensencajo.

La Regino argumentis ke, se on ne agus plu rapide kam quik, el imperus mortigar omna asistanti. (Precize pro ca lasta komento la tota grupo divenabis tante serioza ed anxioza.)

Alicia povis imaginar nulo altra dicenda kam "Lu apartenas al Dukino: questionez *el* pri lu."

"El es en karcero," la Rejino dicis al mortigisto: "querez lu." E la mortigisto forhastis quale flecho.

La kapo dil Kato komencis gradope desaparar quik pos ke il foriris, e kande il retrovenis kun la Dukino, lu tote desaparabis; do la Rejulo e la mortigisto frenezioze diskuradis serchante lu, dum ke la cetera grupani rikomencis la ludo.

La Naraco
dal Falsa Tortugo

"Vu ne povas imaginar quante me joyas pro rividar vu, kar amikino!" dicis la Dukino, dum ke el afecionoze plektis sua brakio ad olta di Alicia, e li formarchis kune.

Alicia tre joyis pro trovar el tante bonhumoroza e pensis ke forsan nur la pipro igabis el tante furioza lor lia interrenkontro en la koqueyo.

"Kande *me* divenos Dukino," el dicis a su (tamen, ne tre esperoze), "me *tote ne* havos pipro en mea koqueyo. Supo tre bone kareas ol—Forsan es sempre pro pipro ke la homi divenas malhumoroza," el dicis pluse, kun granda plezuro pro trovir nova-speca regulo, "e pro vinagro ke li divenas acerba—e pro kamomilo ke li divenas bitra—e—e pro hordeo-sukro e tala kozi ke la pueri divenas dolca-humora. Se la homi savus *lo*, li ne esus tante avara pri ol—"

Dume el tote obliviabis la Dukino e kelke alarmesis pro audar elua voco proxim sua orelo. "Tu pensas pri ulo, kara,

e pro to tu oblivias parolar. Me ne povas dicar a tu precize
nun l'etikal konkluzo di to, ma balde me memoros ol."

"Forsan ol havas nula," Alicia audacis komentar.

"Shut, shut, puero!" dicis la Dukino. "Omno havas etikal
konkluzo, oportas nur trovar ol." Ed el klemis su plu forte al
flanko di Alicia dum parolar.

Ad Alicia ne multe plezis lua tante granda proximeso:
unesme, pro ke la Dukino esis *tre* leda, e duesme, pro ke el
esis precize sat alta por apogar sua mentono sur la shultro di
Alicia, ed ol esis deskomfortoza akuta mentono. Tamen, el ne
volis esar ruda: do el toleris lo segun quante el povis.

"La ludo progresas pasable plu bone nun," el dicis, por kelke vivacigar la konverso.

"To es vera," dicis la Dukino: "e l'etikal konkluzo di *to* esas—'Ho, ic amoro, ic amoro, pro qua la mondo jiras kun fervoro!'"

"Ulu dicis," Alicia susuris, "ke to konsequas de ke omnu atencas la propra aferi!"

"Ha, nu! To signifikas esencale lo sama," dicis la Dukino, sinkante sua akuta mentoneto en la shultro di Alicia dum adjuntar, "e l'etikal konkluzo di *to* esas: 'Suciez la senso, e la punti sucios su ipsa'."

"Quante el prizas trovar etikal konkluzo en omno!" Alicia pensis.

"Probable tu astonesas pro ke me ne pozas mea brakio cirkum tua tayo," la Dukino dicis pos pauzo: "la motivo es ke me suspektas pri la humoro di tua flamingo. Ka me probez?"

"Lu forsan mordos," Alicia sorgeme respondis, tote ne dezirante ke la probo efektigesez.

"Tote vera," dicis la Dukino: "e flamingi e mustardo mordas. E l'etikal konkluzo di to esas: 'Uceli kun egal plumi havas sama kustumi'."

"Tamen mustardo ne es ucelo," Alicia komentis.

"Tu esas justa, quale ordinare," dicis la Dukino: "quante klare tu expresas la kozi!"

"Ol es mineralo, me *supozas*," dicis Alicia.

"Kompreneble," dicis la Dukino, qua, segun semblo, esis pronta asentar omno dicita da Alicia; "proxim hike trovesas granda mustardo-mineyo. E l'etikal konkluzo di to esas: 'Quante mina es lo tua, tante plua es lo mea'."

"Ho, me savas!" klamis Alicia, qua ne atencabis ica lasta komento, "Ol es legumo. Ol ne aspektas tale, ma ol ya esas."

"Me tote asentas," dicis la Dukino; "e l'etikal konkluzo di to esas: 'Esez to quon tu volas semblar esar'—o, se tu deziras parolar plu simple: 'Nultempe supozez ke tu ne esas altro kam to quo forsan semblus ad altri ke to quo tu esis o forsan esabus ne esis altro kam to quo tu esabus semblir a li esar altro'."

"Me kredas ke me plu bone komprenus ol," dicis Alicia tre polite, "se me povus vidar ol skribita: ma me ne povas plene komprenar la senco dum ke vu dicas ol."

"To es nulo, kompare a to quon me povus dicar se me volus," la Dukino respondis, per tono di kontenteso.

"Voluntez ne jenar vu per plu detaloza parolo," dicis Alicia.

"Ho, ne mencionez jeno!" dicis la Dukino. "Me donacas a vu omno ja dicita."

"Meskina donacajo!" pensis Alicia. "Fortunoze on ne donas tala donacaji lor naskal aniversario!" Ma el ne audacis dicar lo voce.

"Kad itere pensanta?" la Dukino questionis, itere sinkante sua akuta mentoneto.

"Me darfas pensar," dicis Alicia acerbe, nam el komencis divenar desquieta.

"Darfas preske tam multe," dicis la Dukino, "kam porki flugar: e l'e—"

Ma nun Alicia multe surprizesis pro ke la voco dil Dukino gradope desaparis, mem en la mezo di lua amata vorto 'etikal', e la brakio plektita a lua komencis fremisar. Alicia regardis adsupre e vidis la Rejino stacanta avan li, kun la brakii krucumita, e frunsanta la brovi quale sturmo.

"Bel dio, Reja Siniero!" la Dukino komencis per nelauta, febla voco.

"Nu, me donos a vu yusta averto," klamis la Rejino, pedofrapante la sulo dum parolar; "o vu o vua kapo mustas forirar, e to eventez plu rapide kam quik! Selektez!"

La Dukino selektis, e foriris pos instanto.

"Ni durez la ludo," la Rejino dicis ad Alicia; ed elca, pro timo, ne audacis dicar mem un vorto, ma lente sequis elta vers la kroketo-ludeyo.

L'altra gasti profitabis del absenteso dil Rejino ed esis repozanta en la ombri: tamen, quik kande li vidis el, li rapide rikomencis ludar, e la Rejino nur komentis ke instantal ajorno kustos de li la vivo.

Dum la tota ludado la Rejino nultempe cesis disputar kun la cetera ludanti, klamante "Senkapigez il!" o "Senkapigez el!" Ti quin el kondamnis arestesis dal soldati, qui kompreneble mustis cesar esar arki por agar lo, tale ke pos forsan mi-horo tote mankis arki, ed omna ludanti, ecepte la Rejulo, la Rejino ed Alicia, esis arestita e mortigota.

Lore la Rejino cesis, tote anhelante, e dicis ad Alicia, "Ka tu ja renkontris la Falsa Tortugo?"

"No," dicis Alicia. "Me mem ne savas quo es Falsa Tortugo."

"On facas Falsa-Tortugo-Supo ek lu," dicis la Rejino.

"Me nultempe vidis lu, nek audis pri lu," dicis Alicia.

"Venez, do," dicis la Rejino, "ed il naracos a tu sua historio."

Dum ke eli kune formarchis, Alicia audis la Rejulo dicar per nelauta voco al tota grupo, "Vi omna esas pardonita." "Nu, *to* es bona!" el dicis a su, nam el divenabis tote desfelica pro la nombro de mortigi quin la Rejino imperabis.

Tre balde li trovis Grifono qua jacis dormante profunde en la sunlumo. (Se vi ne savas quo es Grifono, regardez l'imajo.) "Levez tu, indolento!" dicis la Rejino, "e duktez ca yunino al Falsa Tortugo, por ke el audez lua historio. Me mustas retroirar por sorgar kelka mortigi quin me imperis," ed el formarchis, lasante Alicia sola kun la Grifono. Ad Alicia ya ne plezis la aspekto dil bestio, ma, konsiderante omno, el opinionis ke esos tote same sekura restar kun lu kam sequar ta kruela Rejino: do el vartis.

La Grifono sideskis e fricionis sua okuli: pose lu regardis la Rejino til ke el desaparis de lua vido: e pose lu guturo-ridis. "Qual amuzo!" dicis la Grifono, duime a su, duime ad Alicia.

"Quo *amuzas*?" Alicia questionis.

"Nu, *el*," la Grifono respondis. "El nur imaginas, ya: on nultempe mortigas ulu, savez lo. Venez!"

"Omnu dicas 'venez!' hike," pensis Alicia, dum ke el lente sequis lu: "Nultempe dum mea tota vivo me recevis tanta imperi, nultempe!"

Li ne tre longe marchabis kande li vidis de fore la Falsa Tortugo, sidanta trista e solitara sur mikra rebordo di rokajo, e, dum ke li proximeskis, Alicia audis lu sospirar quale se lua kordio laceresus. El profunde kompatis lu. "Pro quo il chagrenas?" el questionis la Grifono. E la Grifono respondis, per vorti preske identa a l'antea, "Il nur imaginas, ya: il tote ne chagrenas, savez lo. Venez!"

Do li iris al Falsa Tortugo, qua regardis li per granda okuli plena de lakrimi, ma dicis nulo.

"Ica yunino," dicis la Grifono, "el volas konoceskar tua historio, el volas lo."

"Me naracos ol ad el," dicis la Falsa Tortugo per profunda, kava tono. "Sideskez, vi amba, e ne mem un vorton dicez ante ke me finos."

Do li sideskis, e nulu parolis dum plura minuti. Alicia pensis, "Me ne komprenas quale il povos finar, se il *nultempe* komencos." Ma el vartis paciente.

"Olim," dicis la Falsa Tortugo tandem, kun profunda sospiro, "me esis vera Tortugo."

Ta vorti sequesis da tre longa silenco, interruptata nur da tempopa krieto "Hjckrrh!" del Grifono, e dal konstanta profunda singlutado dal Falsa Tortugo. Alicia preske levis su e dicis, "Danko, Sioro, pro vua tre interesanta naraco," ma el ne povis evitar pensar ke ulo plusa *certe* venos, do el sidis tranquile e dicis nulo.

"Kande ni esis yuna," la Falsa Tortugo tandem duris, plu quiete, quankam ankore kelke sospirante tempope, "ni frequentis skolo en la maro. La docero esis olda Tortugo—ni nomis il Tortuyo—"

"Pro quo vi nomis il Tortuyo, se il ne esis to?" Alicia questionis.

"Ni nomis il Tortuyo pro ke il esis ronda e plena de bonaji," la Falsa Tortugo respondis iracoze; "Tu esas ya tre stupida!"

"Tu devus shamar pro facar tante simpla questiono," adjuntis la Grifono; e li amba sidis tace e regardis kompatinda Alicia, qua sentis su pronta sinkar en la tero. Tandem la Grifono dicis al Falsa Tortugo, "Durez naracar, oldulo! Ne perdez la tota dio!" ed il duris per ca vorti:—

"Yes, ni frequentis skolo en la maro, quankam forsan tu ne kredas lo—"

"Me nultempe dicis ke me ne kredas!" interruptis Alicia.

"Yes ya," dicis la Falsa Tortugo.

"Shut!" adjuntis la Grifono, ante ke Alicia povis itere parolar. La Falsa Tortugo duris.

"Ni recevis la maxim bona eduko—fakte, ni frequentis la skolo omna-jorne—"

"Anke *me* pasis la jorni en externerio," dicis Alicia. "Nula motivo por tanta superbeso."

"Ka kun suplementi?" la Falsa Tortugo questionis, kelke anxioze.

"Yes," dicis Alicia, "ni studiis la Franca linguo e muziko."

"Kand anke lavado?" la Falsa Tortugo questionis.

"Certe ne!" Alicia respondis indignante.

"Ha! Do tua skolo ne esis vere bona," dicis la Falsa Tortugo per tono di granda alejeso. "Nu, en la *nia* on havis ye la fino dil fakturo, 'Franca linguo, muziko, e *lavado*—kom suplementi'."

"Vu tamen ne multe bezonis ol," dicis Alicia; "nam vu habitis sur la fundo dil maro."

"Me ne esis sat richa por studiar ol," dicis la Falsa Tortugo sospirante. "Me studiis nur la ordinara kurso."

"Quo esis to?" Alicia questionis.

"Elektado e skrubago, kompreneble, esis le unesma," la Falsa Tortugo respondis; "e sequis la diversa faki di Aritmetiko: Tradiciono, Substaciono, Mulapliko e Divino."

"Me nultempe audis pri 'Mulapliko'," Alicia audacis dicar. "Quo es to?"

"La Grifono levis amba avana pedi surprizate. "Nultempe audis pri mulapliko!" lu klamis. "Tu savas quo es karoso, supozeble?"

"Yes," dicis Alicia dubiteme: "ol es—veturo—tirata—da—kavali."

"Do," la Grifono duris, "se tu ne savas ke on povas aplikar muli vice kavali, tu *es* stulto."

Alicia ne sentis kurajo plue questionar pri to, do el turnis su al Falsa Tortugo e questionis, "Quon pluse vu studiis?"

"Nu, Histerio," la Falsa Tortugo respondis, kontante la faki per sua flosi,—"Histerio, anciena e moderna, kun Marografio: sequis Desero—la Desero-docisto esis olda kongro qua venis unfoye omna-semane: *il* docis a ni Desero, Siso e Pakto per Soleo."

"Quala esis *to*?" Alicia questionis.

"Nu, me ipsa ne povas montrar ol a tu," la Falsa Tortugo respondis: "me esas tro rigida. E la Grifono nultempe lernis ol."

"Havis nul tempo," dicis la Grifono: "ma me lernis de la docisto di Klasika Studii. Il *ya* esis olda krabo."

"Me nultempe lernis de il," la Falsa Tortugo explikis sospirante. "Il docis la Latuna e la Greta, segun ke on dicis."

"Tale esis, tale esis," dicis la Grifono, suafoye sospirante, ed amba animali celis la vizajo per la pedi.

"E dum quanta hori vu lernis singla-die?" Alicia questionis, dezirante rapide chanjar la temo.

"Dum dek en l'unesma dio," respondis la Falsa Tortugo: "dum non en la sequanta, e tale pluse."

"Qual stranja sistemo!" klametis Alicia.

"Ni lernis dum sempre mina hori," la Grifono komentis, "pro ke ni esis minori."

To esis tote nova ideo por Alicia, ed el kelke pensis pri ol ante parolar itere. "Do la dek-e-unesma dio certe esis vakanco-dio."

"Kompreneble," dicis la Falsa Tortugo.

"E quo eventis en la dek-e-duesma dio?" Alicia duris fervoroze.

"Suficas pri lecioni," la Grifono interruptis tre rezolveme. "Nun naracez ad el kelko pri la ludi."

La Homardo-Quadrilo

La Falsa Tortugo profunde sospiris e shovis la dorso de un del pedi trans sua okuli. Il regardis Alicia e penis parolar, ma, dum un o du minuti, singluti sufokis lua voco. "Quale se il havus osto en la guturo," dicis la Grifono; e lu komencis sukusar il e batar lua dorso. Tandem la Falsa Tortugo rekuperis sua voco, e, kun lakrimi fluanta sur lua vangi, il rikomencis:

"Tu forsan ne multe habitis sub la maro—" ("No," dicis Alicia) "—e forsan on nultempe introduktis tu a homardo—" (Alicia komencis dicar "Me ultempe gustis—" ma quik retenis su, e dicis "No, nultempe,") "—do tu tote ne povas konceptar quante delektiva es Homardo-Quadrilo!"

"Tote ne," dicis Alicia. "Quala danso ol es?"

"Nu," la Grifono respondis, "on unesme formacas rango alonge la litoro—"

"Du rangi!" klamis la Falsa Tortugo. "Marhundi, tortugi, salmoni e le cetera: pose, eskartinte omna meduzi—"

"*To* ordinare es tempivora," interruptis la Grifono.

"—on pazas adavane dufoye—"

“Singlu kun homardo kom partenero!” klamis la Grifono.

“Kompreneble,” la Falsa Tortugo dicis: “pazez adavane dufoye, turnez vi a parteneri—”

“—kambiez homardi, e retropazez en la sama ordino,” duris la Grifono.

“E pose, savez lo,” dicis pluse la Falsa Tortugo, “jetez la—”

“La homardi!” klamis la Grifono, saltante en la aero.

“—tam adfore kam vi povos vers la maro—”

“Nate sequez li!” klamegis la Grifono.

“Kulbutez aden la maro!” klamis la Falsa Tortugo, kapriolante frenezioze.

“Itere kambiez homardi!” klamis la Grifono maxim laute.

“Retroirez al tero, e—yen la tota unesma parto,” dicis la Falsa Tortugo, subite deslautigante sua voco, e la du animali, qui esabis cirkumsaltanta quale foli, risideskis tre triste e taceme e regardis Alicia.

“To es certe tre bela danso,” dicis Alicia timide.

“Ka tu deziras kelke spektar ol?” la Falsa Tortugo questionis.

“Me deziregas,” Alicia respondis.

“Yen, ni probez la unesma parto!” dicis la Falsa Tortugo al Grifono. “Ni povas dansar sen la homardi, komprenez lo. Qua de ni kantos?”

“Ho, *tu* kantez,” la Grifono respondis. “Me ja obliviis la vorti.”

Do li komencis solene dansar cirkum Alicia, tempope fulante elua ped-fingri kande li tro multe proximeskis, e gestante per sua avana pedi por batar la tempi, dum ke la Falsa Tortugo kantis ico, tre lente e triste:—

“Plu rapide marchez,” dicis a heliko merlano,
“Mea kaudon fulas de dope marsuina kompano.
La tortugi e homardi facas ajil avanco!
Li vartas sur la stoneti—ka tu venos al danso?

Ka tu venos, o ne venos, o ya venos al danso?
Ka tu venos, o ne venos, o ya venos al danso?

"Tu ne pov imaginar: qual delekto sen komparo
Kande li jetas ni, kun la homardi, a la maro!"
"Tro fore!" respondis la heliko kun disonanco—
Lu dankas la merlano ma lu ne venos al danso.
    Ne povos, ne venos, ne povos, ne venos al danso.
    Ne povos, ne venos, ne povos, ne venos al danso.

"Kad importas la disto?" replikis la skalioz kompano.
"Altra litoro jacas, savez lo, trans l'oceano.
Quante plu distos l'Anglo, tante plu proxim la Franco—
Do ne paleskez, kar heliko, e venez al danso.
   Ka tu venos, o ne venos, o ya venos al danso?
   Ka tu venos, o ne venos, o ya venos al danso?"

"Danko, ol es tre spektinda danso," dicis Alicia, joyante ke ol tandem finis; "e tre plezas a me ta kuriozigiva kansono pri la merlano!"

"Nu, koncerne la merlani," dicis la Falsa Tortugo, "li—tu ja vidis li, kompreneble?"

"Yes," Alicia respondis, "me ofte vidis li ye din—" el quik retenis su.

"Me ne savas ube esas Din," dicis la Falsa Tortugo, "ma, se tu tante ofte vidis li, kompreneble tu savas quale li aspektas."

"Me kredas ke yes," Alicia respondis penseme. "Li tenas la kaudo en la boko—ed es kovrita per pano raspita."

"Tu eroras pri la pano raspita," dicis la Falsa Tortugo: "la pano raspita tote forlavesus en la maro. Ma li ya *tenas* la kaudo en la boko; e la motivo esas—" nun la Falsa Tortugo ocitis e klozis sua okuli. "Rakontez ad el la motivo ed omno tala," il dicis al Grifono.

"La motivo es," dicis la Grifono, "ke li *volis* irar kun la homardi al danso. Do li jetesis al maro. Do li ne povis evitar longa falo. Do lia kaudo fixeskis en la boko. Do li ne povis ekprenar ol. Yen omno."

"Danko," dicis Alicia, "to es tre interesanta. Me nultempe saveskis tanto pri merlano."

"Me povas rakontar a tu plu multa kozi, se tu deziras," dicis la Grifono. "Ka tu savas pro quo on nomas ol merlano?"

"Me nultempe pensis pri to," dicis Alicia. "Pro quo?"

"Ol polisas la boti e shui," la Grifono respondis tre solene.

Alicia divenis tote perplexa. "Polisas la boti e shui!" el repetis per tono di astoneso.

"Nu, quale on polisas *tua* shui?" la Grifono questionis. "Me volas dicar, quo igas li tante brilanta?"

Alicia regardis sua shui e kelke ponderis ante respondar. "On polisas li per nigra cirajo, me supozas."

"Boti e shui sub la maro," la Grifono duris per basa voco, "es polisata per merlano, qua havas la koloro ne di merlo ma di lano. Nun tu savas lo."

"Ed ek quo li konsistas?" Alicia questionis tre kurioze.

"Solea suoli ed anguila kordoni, kompreneble," la Falsa Tortugo dicis pasable nepaciente: "irga kreveteto povabus explikar lo a tu."

"Se me esabus la merlano," dicis Alicia, qua ne povis cesar pensar pri la kansono, "Me dicabus al marsuino, "Eskartez vu, me pregas: ni ne volas *vu* kun ni!"

"Li mustis restigar il," dicis la Falsa Tortugo: "'Nula saja fisho irez ad irga loko sen marsuino': yen mar-moto."

"Ka vera?" Alicia questionis per tono di granda surprizeso. "Tamen marmoti ne natas".

"Evidente ne," la Falsa Tortugo respondis. "*Me* explikos lo inverse, do venos al komenco del fino."

"Pro quo venos delfino? Ka vu ne volas dicar 'marsuino' ?

"Me volas dicar quon me dicas," respondis la Falsa Tortugo per tono di ofenseso. E la Grifono adjuntis, "Nun ni askoltez kelka *tua* aventuri."

"Me povus naracar mea aventuri—komencante de ica matino," dicis Alicia, kelke timide: "ma esus ne-utila retroirar til hiere, nam me esis altra persono lore."

"Explikez omno," dicis la Falsa Tortugo.

"No, no! Unesme l'aventuri," dicis la Grifono nepaciente: "expliki es hororinde tempivora."

Do Alicia komencis naracar a li sua aventuri, de kande el unesme vidis la Blanka Kuniklo. Unesme el esis kelke nervoza, nam la du animali tre proximeskis ad el, una ye singla latero, ed apertis la okuli e la boko *tre* larje; ma el divenis plu kurajoza dum ke el duris naracar. Lua askoltanti tote tacis til ke el atingis la parto pri lua recito di *"Vu es olda, Patro Schleyer"* al Raupo, kun omna ta vorti diveninta diferanta, e lore la Falsa Tortugo profunde aspiris e dicis, "Tre stranja!"

"Ol ne povus esar mem plu stranja," dicis la Grifono.

"Omno divenis diferanta!" la Falsa Tortugo repetis penseme. "Me deziras audar el probar e recitar ulo nun. Igez el komencar." Il regardis la Grifono quaze kredante ke lu havas ulsorta autoritato super Alicia.

"Staceskez e recitez '*Yen la Voco dil Indolento*,'" dicis la Grifono.

"Quante l'animali imperas ad on, ed igas on recitar lecioni!" pensis Alicia. "Me prefere irez quik al skolo." Tamen el levis su e komencis recitar ol, ma elua kapo esis tante plena de la Homardo-Quadrilo, ke el apene savis quon el dicas; e la vorti ya divenis tre drola:—

> *"Yen la voco dil Homardo, yen lua deklari:*
> *'Vu bakis me tro brun, me sukrizez mea hari.'*
> *Same kam anado palpebre, il per la nazo*
> *Sorg la vesti, eskart la pedi por justa pazo.*
> *Kande la sabli es sik, il es gay qual' alaudo,*
> *E pri la Sharko enuncos sencesa deslaudo:*
> *Ma lor mareo-fluxo, se proximeskas sharki,*
> *Lua voco tremas, ed il pensas nur pri sarki."*

"To diferas de lo recitata da *me* kande me esis puero," dicis la Grifono.

"Nu, me nultempe audis ol antee," dicis la Falsa Tortugo; "ma ol semblas esar neordinara sensencajo."

Alicia dicis nulo: el sideskis kun la vizajo en la manui, questionante su kad *ultempe* itere omno esos normala.

"Me volus ke el explikez lo," dicis la Falsa Tortugo.

"El ne povas explikar lo," dicis la Grifono rapide. "Transirez al duesma strofo."

"Ma pri la pedi?" la Falsa Tortugo persistis. "Quale il *povus* eskartar li per la nazo?"

"To es l'unesma posturo dum danso," dicis Alicia, ma to omna konsternegis el, ed el forte deziris transirar ad altra temo.

"Recitez la sequanta strofo," la Grifono repetis: "ol komencas per '*Me pasis tra gardeno.*'"

Alicia ne audacis desobediar, quankam el esis certa ke el parfushos ol, ed el duris per fremisanta voco:—

> *"Me pasis tra gardeno, vidis per okuleto:*
> *La Strigo e la Pantero kunmanjas pasteto;*
> *La Pantero prenis la karno, suko e krusto,*
> *Dum ke la Strigo recevis la plado por gusto.*
> *Pos ke parmanjesis la pasteto, la Pantero*
> *Regalis afable la Strigo per la kuliero,*
> *Prenis la kultelo e forko, e sen fatigo*
> *Lu konkluzis la festino per———"*

"Por quo utilesas recitar tal absurdajo," la Falsa Tortugo interruptis, "se tu ne explikas dum recitar? Ol es la maxim konfuza afero quan *me* audis til nun!"

"Yes, tu prefere cesez," dicis la Grifono, ed Alicia tre volunte konsentis.

"Ka ni probez altra parto di la Homardo-Quadrilo?" la Grifono duris. "O ka tu preferas ke la Falsa Tortugo kantez por ni?"

"Ho, yes, kansono, me pregas, se la Falsa Tortugo komplezos," Alicia respondis, tante fervoroze, ke la Grifono dicis, per tono di kelka ofenseso, "Hm! Singlu kun sua gusto! Kantez por el '*Tortugo-Supo*', oldulo!"

La Falsa Tortugo sospiris profunde e komencis, per voco kelka-foye sufokata da singluti, kantar ico:—

> *"Marvela Supo verd e splendida,*
> *Vartanta en terino tepida!*
> *Ol delektos grand o mikra grupo!*
> *Supo dil vespero, marvel Supo!*
> *Supo dil vespero, marvel Supo!*
> *Marvela Suu—uupo!*
> *Marvela Suu—uupo!*

Suu—uupo dil vee—eespero,
    Marvela, marvela Supo!

"Marvel Supo! Qua nun volas fisho,
Vildo o mem irga altra disho?
Qua ne donus omno po nur kupo
Nur kupo de ta marvela Supo?
Nur kupo de ta marvela Supo?
    Marvela Suu—uupo!
    Marvela Suu—uupo!
Suu—uupo dil vee—eespero,
    Marvela, marvela SUPO!"

"Itere la refreno!" klamis la Grifono, e la Falsa Tortugo jus komencabis recitar ol, kande la klamo "La judicio komencas!" audesis de fore.

"Venez!" klamis la Grifono, e, prenante Alicia ye la manuo, lu forhastis sen vartar la fino dil kansono.

"Qua judicio?" Alicia anhelis dum kurar; ma la Grifono respondis nur "Venez!" e kuris mem plu rapide, dum ke sempre plu matide venis, portate dal brizo qua sequis li, la melankolioza vorti:

"Suu—uupo dil vee—eespero,
    Marvela, marvela Supo!"

CHAPITRO XI

Qua Furtis la Tarti?

La Rejulo e la Rejino di Kordii sidis sur sua trono kande li arivis, kun granda turbo asemblita cirkum li—omnasorta mikra uceli ed animali, same kam la tota kartaro: la Pajo stacis avan li, katenizita, e singla-latere di lu esis soldato gardanta lu; e proxim la Rejulo esis la Blanka Kuniklo, kun trumpeto en l'una manuo, e pergamen-volvajo en l'altra. Precize ye la mezo dil korto stacis tablo, sur qua jacis granda plado de tarti: li esis tante atraktiva, ke Alicia hungreskis pro regardar li—"Li rapide finez la judicio," el pensis, "e disdonez la manjaji!" Ma segun semblo to ne eventos; do el komencis cirkumregardar omno por pasar la tempo.

Alicia nultempe esabis en tribunalo, ma el lektabis pri li en libri, ed el tre joyis pro savar la nomo di preske omno ibe. "Yen la judiciisto," el dicis a su, "pro lua granda peruko."

La judiciisto, cetere, esis la Rejulo; e quoniam il weris sua krono sur la peruko (regardez la frontispico, se vu volas vidar quale il agis lo), il aspektis tote ne komfortoza, ed ol certe ne konvenis ad il.

"E yen la jurieyo," pensis Alicia, "e ta dek-e-du enti," (el mustis dicar 'enti', komprenez lo, pro ke kelki de li esis animali, e kelki esis uceli,) "me supozas ke li esas la juriani. El du- o tri-foye dicis ca lasta vorto a su, esante pasable fiera pri ol: nam el opinionis, e tote juste, ke tre poka puerineti evanta same kam el savas olua signifiko. Tamen, "membri dil jurio" tote suficabus.

Omna dek-e-du juriani esis tre okupata per skribar sur ardezi. "Quon li agas?" Alicia susuris al Grifono. "Li havas nulo notenda ante ke la judicio komencos."

"Li notas sua nomi," la Grifono susuris responde, "nam li timas oblivior oli ante la fino dil judicio."

"Stupidi!" Alicia komencis per lauta indignanta voco, ma el quik taceskis, nam la Blanka Kuniklo klamis, "Omni tacez en la tribunalo!" e la Rejulo metis sua binoklo e anxioze cirkumregardis por saveskar qua parolas.

Alicia povis vidar, tam bone kam se el regardus trans lia shultri, ke omna juriani skribas "Stupidi!" sur sua ardezi, ed el mem povis remarkar ke un de li ne savas korekte skribar "stupidi", e ke il mustis demandar helpo de apuda sidanto. "Lia ardezi divenos tota pelmelo ante ke la judicio finos!" pensis Alicia.

Un del juriani havis krayono stridanta. Alicia, kompreneble, *ne* povis tolerar lo, ed el iris cirkum la tribunalo e staceskis dop il, e tre balde el trovis okaziono forprenar ol. El agis lo tante rapide ke la kompatinda jurianeto (lu esis Bili, la Lacerto) tote ne povis komprenar quo eventis; do, vane serchinte ol, il mustis skribar per fingro dum la cetera parto dil jorno; e to apene utilesis, nam lu ne lasis signi sur la ardezo.

"Heraldo, lektez la akuzo!" dicis la Rejulo.

Lore la Blanka Kuniklo trifoye sonigis la trumpeto, pose desvolvis la pergamen-volvajo e lektis ico:—

"La Damo di Kordii, el facis ya tarti,
Omni dum somerala jorno:
La Pajo di Kordii, il furtis la tarti,
E lin forprenis sen ajorno!"

"Konsiderez via verdikto," la Rejulo dicis al jurio.

"Ne ja! Ne ja!" la Kuniklo hastoze interruptis. "Multo eventos ante to!"

"Sumnez la unesma testo," dicis la Rejulo; e la Blanka Kuniklo trifoye sonigis la trumpeto e klamis, "Unesma testo!"

La unesma testo esis la Chapelisto. Il venis tenante te-taso per un manuo e kelka pano-kun-butro per l'altra. "Pardonez,

Reja Sinioro," il komencis, "ke me enportas ico; ma me ne ja finabis mea teo-pauzo kande on sumnis me."

"Vu devabus finar," dicis la Rejulo. "Kande vu komencis?"

La Chapelisto regardis la Martala Leporo, qua sequabis lu aden la korto, brakio-en-brakie kun la Gliro. "Ye la dek-e-quaresma di marto, me *kredas* memorar," il dicis.

"Ye la dek-e-kinesma," dicis la Martala Leporo.

"Ye la dek-e-sisesma," dicis la Gliro.

"Notez lo," dicis la Rejulo al juriani, qui fervoroze skribis omna tri dati sur sua ardezi, e pose adicionis li e dividis la sumo per la yarala kontributo di ULI.

"Desmetez vua chapelo," dicis la Rejulo al Chapelisto.

"Ol ne es mea," dicis la Chapelisto.

"*Furtita!*" la Rejulo klamis, turnante su al juriani, qui quik facis noto pri ta fakto.

"Me havas li por vendo," la Chapelisto pluse explikis: "me ipsa posedas nula de li. Me esas chapelisto."

Nun la Rejino metis sua binoklo e komencis fixe regardar la Chapelisto, qua divenis pala e destranquila.

"Enuncez vua atesto," dicis la Rejulo; "e ne esez nervoza, o me quik imperos vua mortigo."

To, segun semblo, tote ne kurajigis la testo: il duris apogar su alterne sur l'una pedo e l'altra, regardante desquiete la Rejino, e pro sua konfuzeso il demordis granda peco de sua te-taso vice de sua pano-kun-butro.

Precize ta-instante Alicia havis tre stranja impreso, qua multe perplexigis el, til ke el koncieskis pri quo eventis: el komencabis rikreskar, ed unesme el pensis staceskar e forirar del tribunalo; ma duesma-pense el rezolvis restar tam longe kam restos spaco por el.

"Ne tante presez," dicis la Gliro, qua sidis apud el. "Me apene povas respirar."

"Me ne povas evitar lo," dicis Alicia tre humile: "me esas kreskanta."

"Tu ne darfas kreskar *hike*," dicis la Gliro.

"Ne dicez sensencajo," respondis Alicia plu kurajoze: "vu ya savas ke anke vu es kreskanta."

"Yes, ma *me* kreskas en normala ritmo," dicis la Gliro: "ne en tua ridikula maniero." Ed il levis su tre budeme e transiris al altra latero dil tribunalo.

Dum la tota tempo la Rejino ne cesabis regardar la Chapelisto, e, precize kande la Gliro trairis la tribunalo, el dicis ad un del tribunal-oficisti, "Adportez la listo de la kantisti en la lasta koncerto!" e lore la mizeroza Chapelisto tante fremisis, ke il sukusis de su la shui.

"Enuncez vua atesto," la Rejulo repetis iracoze, "o me imperos vua mortigo, sive vu es nervoza sive ne."

"Me esas kompatinda persono, Reja Sinioro," la Chapelisto komencis, per fremisanta voco, "e mea teo-partio apene komencabis—ne mem un semano ante nun, cirkume—e pro la granda dinesko dil pano-kun-butro—e la trem-brilo dil te—"

"Trem-brilo di *quo*?" dicis la Rejulo.

"Ol *komencis* per la te—" la Chapelisto respondis.

"Evidente 'trem-brilo' *komencas* per T!" dicis la Rejulo bruske. "Ka vu judikas me stupida? Durez!"

"Me esas kompatinda per-sono," la Chapelisto duris, "e preske omno trem-brilis de lore—tamen la Martala Leporo dicis—" "Me ne dicis!" la Martala Leporo quik interruptis.

"Yes ya!" dicis la Chapelisto.

"Me negas lo!" dicis la Martala Leporo.

"Il negas lo," dicis la Rejulo: "omisez ta parto."

"Nu, omna-kaze, la Gliro dicis—" la Chapelisto duris, anxioze regardante por trovar kad anke il negos: ma la Gliro negis nulo, nam il profunde dormadis.

"E pose," duris la Chapelisto, "me tranchis plusa peco de pano-kun-butro—"

"Ma quon dicis la Gliro?" juriano questionis.

"Ton me ne memoras," dicis la Chapelisto.

"Vu *mustas* memorar," komentis la Rejulo, "o me imperos vua mortigo."

La mizeroza Chapelisto lasis falar sua te-taso e pano-kun-butro e genupozis. "Me esas kompatinda persono, Reja Sinioro," il komencis.

"Vu es *tre* kompatinda *parolanto*," dicis la Rejulo.

Lore un del kobayi aklamis, e lun quik supresis la oficisti dil tribunalo. (Quoniam olta es pasable desfacila vorto, me explikos a vi precize quale li agis lo. Li havis granda kanvasa sako, di qua l'aperturo esis klozebla per kordeti: aden olca li glitigis la kobayo, kun la kapo adavane, e pose li sideskis sur ol.)

"Me joyas ke me vidis lo," pensis Alicia. "Me tre ofte lektis en la jurnali, ye la fino di judicii, 'Esis ul aplaudo-probo, quan quik supresis la oficisti dil tribunalo', e til nun me nultempe komprenis lua signifiko."

"Se vu ne savas plue pri to, ne parolez plus, taceskez," la Rejulo duris.

"Me ne povas staceskar," dicis la Chapelisto: "Me ja stacas."

"Do *sideskez*," la Rejulo respondis.

Lore l'altra kobayo aklamis, ed on supresis lu.

"Nu, yen la fino dil kobayi!" pensis Alicia. "Nun ni progresos plu facile."

"Me preferus pardrinkar mea teo," dicis la Chapelisto, anxioze regardante la Rejino, qua esis lektanta la listo de kantisti.

"Vu darfas forirar," dicis la Rejulo, e la Chapelisto hastoze livis la tribunalo, sen vartir mem por metar sua shui.

"—ed extere senkapigez lu," la Rejino pluse dicis ad un del oficisti; ma la Chapelisto desaparabis ante ke la oficisto povis atingar la pordo.

"Sumnez la nexta testo!" dicis la Rejulo.

La nexta testo esis la koquistino dil Dukino. El tenis la pipruyo en sua manuo, ed Alicia divinis qua lu es mem ante ke el eniris la tribunalo, pro la subita sternutado dal homi proxim la pordo.

"Enuncez vua atesto," dicis la Rejulo.

"No," dicis la koquistino.

La Rejulo anxioze regardis la Blanka Kuniklo, qua dicis, nelaute, "Reja Sinioro, vu mustas examenar rigoroze *ica* testo."

"Nu, se me mustas, me mustas," dicis la Rejulo melankolioze, e, krucuminte sua brakii e regardante la koquistino kun la fronto tante frunsita ke lua okuli preske desaparis, il dicis, per basa voco, "Ek quo konsistas tarti?"

"Pipro, maxim-granda-parte," dicis la koquistino.

"Melaso," dicis somnolanta voco dop el.

"Arestez ta Gliro!" la Rejino klamegis. "Senkapigez ta Gliro! Pulsez ta Gliro ek la tribunalo! Supresez il! Pinchez il! Arachez lua labio-pili!"

Dum plura minuti la tota tribunalo divenis pelmelo, dum ke on penis ekpulsar la Gliro, e, kande omni ritranquileskis, la koquistino desaparabis.

"Ne importas!" dicis la Rejulo, di qua la mieno montris granda alejeso. "Sumnez la nexta testo." Ed il dicis pluse, nelaute, al Rejino, "Advere, karino, *vu* examenez rigoroze la nexta testo. To forte dolorigas mea fronto!

Alicia regardis la Blanka Kuniklo dum ke il nehabile traserchis la listo, ed el esis tre kurioza pri l'identeso dil nexta testo, "—nam li *ne ja* askoltis multa atesti," el dicis a su. Imaginez elua surprizeso, kande la Blanka Kuniklo anuncis, maxim laute per sua akuta voceto, la nomo "Alicia!"

Alicia Atestas

"Ven me!" klamis Alicia, tote obliviante, pro l'instantala perturbeso, quante granda el divenabis dum la jus pasinta kelka minuti, ed el levis su tante bruske, ke el renversis la jurieyo per la bordo di sua jupo, e tale disjetis omna juriani adsur la kapi dil suba asistanti, e li plumbe sternesis ibe, quo multe memorigis da el globa aquario de or-fishi quan el acidente renversabis en l'antea semano.

"Ho, me *exkuzas* me!" el klamis tre konsternate, e komencis rekoliar li tam rapide kam el povis, nam l'acidento pri la or-fishi restis en lua memoro, ed el havis ul neklara ideo ke oportas kolektar li quik e retropozar li en la jurieyo, por ke li ne mortez.

"La judicio ne povos durar," dicis la Rejulo per voco tre serioza, "ante ke omna juriani itere esos en sua justa plasi— *omni*," il repetis kun granda emfazo, severe regardante Alicia dum ke il tale parolis.

Alicia regardis la jurieyo e vidis ke, pro sua hasto, el pozabis la Lacerto kun la kapo adinfre, e la kompatinda mikro sukusadis la kaudo melankolioze, tote ne povante movar. El balde retroprenis e korekte pozis lu; "quankam ne multe importas," el dicis a su; "semblas a me ke lu *tote* egale utilesus en la judicio kun la kapo adsupre od adinfre."

Quik kande la juriani kelke rinormaleskis pos la shoko dil renverseso, e lia ardezi e krayoni trovesis e retrodonesis a li, li komencis tre diligente skribar historio pri l'acidento, ecepte la Lacerto, qua semblis esar tro perturbita por facar irgo altra kam sidar kun apertita boko, regardante la plafono dil tribunalo.

"Quon tu savas pri ca afero?" la Rejulo questionis Alicia.

"Nulo," respondis Alicia.

"*Tote* nulo?" persistis la Rejulo.

"Tote nulo," replikis Alicia.

"To es tre importanta," dicis la Rejulo, turnante su al juriani. Li esis jus komencanta skribar lo sur sua ardezi, kande la Blanka Kuniklo interruptis: "*Ne*-importanta, vua Reja Sinioro sendubite volis dicar," il remarkigis tre respektoze, ma frunsante la fronto e grimasante ad il dum parolar.

"*Ne*-importanta, kompreneble, me volis dicar," la Rejulo quik emendis, ed adjuntis a su ipsa per nelauta voco, "importanta—ne-importanta—ne-importanta—importanta—" quaze probante la du vorti por decidar qua de li sonas plu bone.

Kelka juriani skribis "importanta," e kelki "ne-importanta". Alicia vidis lo, nam el esis sat proxima por regardar l'ardezi de supre; "ma to nule importas," el pensis.

Ta-instante la Rejulo, qua dum kelka tempo esabis skribanta en sua noto-libro, klamis "Tacez!" e lektis ek sua libro, "Regulo Quaradek e Du. *Omna personi plu alta kam de un kilometro livez la tribunalo.*"

Omni regardis Alicia.

"*Me* ne esas alta de un kilometro," dicis Alicia.

"Yes ya," dicis la Rejulo.

"Alta de preske du kilometri," adjuntis la Rejino.

"Nu, tamen me refuzas livar," dicis Alicia; "e pluse, ta regulo ne esas kustumala: vu jus inventis ol."

"Ol es la maxim anciena regulo en la libro," dicis la Rejulo.

"Do ol devus esar Numero Un," dicis Alicia.

La Rejulo paleskis e quik klozis sua noto-libro. "Konsiderez via verdikto," il dicis al juriani, per nelauta, fremisanta voco.

"Oportas askoltar plusa atesto, me pregas, Reja Sinioro," dicis la Blanka Kuniklo, bruske staceskante; "ica dokumento jus trovesis."

"Quon ol dicas?" la Rejino questionis.

"Me ne ja apertis ol," la Blanka Kuniklo respondis, "ma, segun semblo, ol es letro, skribita dal akuzato ad—ad ulu."

"Sendubite," dicis la Rejulo, "ecepte ke ol skribesis a nulu, e to tote ne esas ordinara, savez lo."

"A qua ol es adresizita?" un del juriani questionis.

"Ol tote ne esas adresizita," la Blanka Kuniklo respondis; "fakte, absolute nulo es skribita sur l'*exterajo*." Il desfaldis la dokumento dum parolar e dicis pluse, "Fakte ol ne esas letro: ol es versaro."

"Kad ol skribesis dal akuzato ipsa?" altra juriano questionis.

"No, tote ne," la Blanka Kuniklo respondis, "e to es lua maxim stranja traito." (Omna juriani aspektis perplexa.)

"Il certe imitis la skribo di altra persono," dicis la Rejulo. (Omna juriani rigayeskis.)

"Me pregas, Reja Siniero," la Pajo dicis, "ne me skribis ol, ed on ne povas pruvar ke me agis lo: esas nula signaturo ye la fino."

"Se vu ne signatis ol," dicis la Rejulo, "to nur igas la afero plu mala. Vu *certe* intencis malajo, altre vu signatabus ol quale honesto."

Lore sonis general aplaudado: yen l'unesma vere habila parolo dal Rejulo dum ta dio.

"Kompreneble to *pruvas* ke il es kulpoza," dicis la Rejino. "do, dehakez—"

"To nule pruvas lo!" dicis Alicia. "Or vu mem ne savas pri quo parolesas en ol!"

"Recitez ol," dicis la Rejulo.

La Blanka Kuniklo metis sua binoklo. "Ube me komencez, me pregas, Reja Siniero?" il questionis.

"Komencez ye la komenco," respondis la Rejulo, tre serioze, "e durez lektar til ke tu atingos la fino: lore haltez."

On sentis mortala silenco en la tribunalo, dum ke la Blanka Kuniklo recitis ca versaro:—

"Li dicis a me: tu venis ad el
  Ed anke mencionis me ad il:
El laudis mea karaktero bel,
  Ma blamis mea nato ne-ajil.

Il informis li ke me ne foriris
  (Ni savas ke es vera ta versiono):
Se por el la afero ne expiris,
  Quala divenos tua situaciono?

Me donis ad el un, li ad il du,
  Tu a ni donis tri o plusa quanto;
Omni retrovenis de il a tu,
  Quankam esabis me la posedanto.

Se esus me od el, pro chanco vera,
  Intrikita en ic afero plene,
Il esper ke tu igos li libera,
  Tote same kam esis ni anciene.

Me havas l'ideo ke tu divenis
  (Ante ke el subisis paroxismo)
Obstaklo qua aparis e mantenis
  Inter il, e ni, ed ol, grand abismo.

Il ne savez ke el prizis li tante,
  Ed ico restez sekreta kozo,
Gardenda de le cetera konstante,
  Inter tu e me, sen ul expozo."

"Ol es la maxim importanta atesto quan ni audis til nun," dicis la Rejulo, interfricionante la manui; "do nun la jurio—"

"Se irga juriano povos explikar ol," dicis Alicia, (el tante kreskabis dum la recenta minuti ke el tote ne timis interruptar il), "me donos a lu monet-peco. *Me* kredas ke ol kontenas ne mem un atomo de signifiko."

Omna juriani skribis sur sua ardezi, "*El* kredas ke ol kontenas ne mem un atomo de signifiko," ma nulu de li esforcis explikar la dokumento.

"Se ol esas sensignifika," dicis la Rejulo, "to sparos a ni tre multa peno, savez lo, nam ne oportos serchar signifiko. Tamen, me ne savas," il dicis pluse, extensante la versaro sur la genuo, e regardante ol per un okulo; "Semblas ke me trovas ul signifiko en ol, tamen. '—*blamis mea nato ne-ajil*—' vu ne savas natar, ka ne?" il questionis, turnante su al Pajo.

La Pajo sukusis la kapo triste. "Ka me aspektas nativa?" il dicis. (Il certe *ne* aspektis tala, konsistante tote ek kartono.)

"Omno en ordino, til nun," dicis la Rejulo; ed il duris murmurar la versi a su: "'*Ni savas ke es vera ta versiono*'—to koncernas la jurio, kompreneble— '*Se por el la afero ne expiris*'— to certe koncernas la Rejino—

'*Quala divenos tua situaciono?*'—Quala, advere!—'*Me donis ad el un, li ad il du*'—nu, ton il certe agis per la tarti, ka ne—"

"Ma ol duras per '*Omni retrovenis de il a tu*'," dicis Alicia.

"Nu, yen li!" dicis la Rejulo triumfante, dum ke il indikis la tarti sur la tablo. "Nulo povus esar plu klara kam *to*. Ed il duris '*Ante ke el subisis paroxismo*'—karino, vu nultempe subisis paroxismo *perversa*, me supozas?" il questionis la Rejino.

"Nultempe!" respondis la Rejino, furioze, lansante inkuyo al Lacerto dum ke el parolis. (La kompatinda mikra Bili cesabis skribar sur sua ardezo per un fingro, nam il remarkabis ke ol ne lasas signi; ma il nun rapide rikomencis, per la inko, qua esis fluanta sur lua vizajo, ante ke ol sikeskos.)

"Do vu havas nula relato ad ica descripto *per-versa*," dicis la Rejulo, cirkumregardante la askoltanti, kun rideto. On sentis mortala silenco.

"To es kalemburo!" adjuntis la Rejulo iracoze, ed omni rideskis. "La jurio considerez sua verdikto," dicis la Rejulo, forsan ja dua-dekesma-foye ta-die.

"No, no!" dicis la Rejino. "Unesme la kondamno—nur pose la verdikto."

"Absurda sensencajo!" dicis Alicia laute. "Quale on povas unesme kondamnar?"

"Retenez tua lango!" dicis la Rejulo, purpureskante.

"Me ne retenos!" reaktis Alicia.

"Senkapigez el!" la Rejino klamegis tam laute kam el povis. Nulu movis.

"Qua sucias *vu*?" dicis Alicia (lore el rekuperabis sua tota staturo). "Vi esas nur kartaro!"

Lore la tota kartaro elevis su aden la aero ed iris fluge adsur el; Alicia krietis, parte pro pavoro e parte pro iraco, ed esforcis forbatar li, e trovis su jacanta an la rivo, kun la kapo sur la genui di sua fratino, qua esis milde de-shovanta kelka mortinta folii qui falabis del arbori adsur lua vizajo.

"Vekez, Alicia kara!" dicis lua fratino. "Nu, tu dormis tante longe!"

"Ho, me havis tre stranja sonjo!" dicis Alicia, ed el naracis al fratino, tam bone kam el memoris li, omna extraordinara Aventuri quin vi jus lektis; e, kande el finabis, lua fratino kisis el e dicis, "Ol *ya* esis stranja sonjo, kara: ma nun kurez adheme por vua manjeto; tardeskas." Do Alicia staceskis e forkuris, pensante dum kurar, tam bone kam el povis, pri qual marveloza sonjo ol esabis.

Ma lua fratino duris sidar precize quale elta lasabis lu, kun la kapo apogata an la manuo, regardante la sun-kusho e pensante pri mikra Alicia ed omna lua marveloza Aventuri, til ke anke el komencis quaze sonjar, e yen lua sonjo:

Unesme el sonjis pri mikra Alicia ipsa: itere la manueti esis juntita sur la genuo, e la brilanta fervoroza okuli regardis le lua—el audis la toni ipsa di lua voco, e vidis ta stranja kapo-levo quan elta facis por retenar la vaganta hari qui *insiste* eniris lua okuli—e dum ke el askoltis, o semblis askoltar, la tota cirkondanta loko viveskis per la stranja animali dil sonjo di lua fratineto.

La longa herbo susuris an elua pedi dum ke la Blanka Kuniklo preterkuris—la pavorema Muso barbotis tra la apuda lageto—el audis la bruiso dil te-tasi dum ke la Martala Leporo e lua amiki kunpartigis sua nultempe cesanta repasto, e l'akuta voco dil Rejino imperis ke lua kompatinda gasti mortigesez—itere la porka bebeo esis sternutanta sur la genuo dil Dukino, dum ke pladegi e pladi frakasesis cirkum lu—itere la krio dil Grifono, la grincado dil ardezo-krayono di la Lacerto, e la desfacila respirado dal supresita kobayi, plenigis la aero, e konfundesis al fora singlutado dal mizeroza Falsa Tortugo.

Tale el duris sidar, kun klozita okuli, e mi-kredis su en Marvelia, quankam el savis ke, se el nur apertus la okuli, omno itere divenus obtuza realajo—la herbo esus nur susurado dal vento, e la rugoza lageto esus la fluktuado dal kani—la kliktanta te-tasi divenus la tinklanta sonalii di mutoni, e l'akuta klami dal Rejino divenus la voco dil pastora puerulo—e la sternuto dal bebeo, la kriacho dal Grifono, ed omna altra stranja bruisi transformesus (el savis lo) al konfuza bruiso dal laboroza farmo-korto—dum ke la mujado dal fora bovaro sucedus la forta singlutado dal Falsa Tortugo.

Laste, el imaginis ke ta sama fratineto di lu, pose, ipse esos kreskinta muliero; e ke elca konservos, dum omna sua plu matura yari, la simpla ed amoza kordio di sua puer-evo; e ke elca asemblos cirkum su altra puereti, ed igos *lia* okuli brilar e fervorar per multa stranja rakonti, forsan mem per ta sonjo pri Marvelia de olima tempo: e ke elca kunpartigos omna lia simpla chagreni ed omna lia simpla joyi, memorante sua propra puer-evo e la felica dii someral.

Әлисәнең Сәйерстандағы мажаралары (Älisäneñ Säyerstandağı majaraları), *Alice* in Bashkir, tr. Güzäl Sitdykova, 2017

Алесіны прыгоды ў Цудазем'і (Alesiny pryhody u Tsudazem'i), *Alice* in Belarusian, tr. Max Ščur, 2016

На тым баку Люстра і што там напаткала Алесю (Na tym baku Liustra i shto tam napatkala Alesiu), *Looking-Glass* in Belarusian, tr. Max Ščur, 2016

Снаркаловы (Snarkalovy), *The Hunting of the Snark* in Belarusian, tr. Max Ščur, forthcoming

Troioù-kaer Alis e Vro ar Marzhoù, *Alice* in Breton, tr. Herve Kerrain, forthcoming

Crystal's Adventures in A Cockney Wonderland, *Alice* in Cockney Rhyming Slang, tr. Charlie Lovett, 2015

Aventurs Alys in Pow an Anethow, *Alice* in Cornish, tr. Nicholas Williams, 2015

Alice's Ventures in Wunderland, *Alice* in Cornu-English, tr. Alan M. Kent, 2015

Maries Hændelser i Vidunderlandet, *Alice* in Danish, tr. D.G., forthcoming

آلیس در سرزمین عجایب (Âlis dar Sarzamin-e Ajâyeb), *Alice* in Dari, tr. Rahman Arman, 2015

Äventyrä Alice i Underlandä, *Alice* in Elfdalian, tr. Inga-Britt Petersson, forthcoming

La Aventuroj de Alicio en Mirlando, *Alice* in Esperanto, tr. E. L. Kearney (1910), 2009

La Aventuroj de Alico en Mirlando, *Alice* in Esperanto, tr. Donald Broadribb, 2012

Trans la Spegulo kaj kion Alico trovis tie, *Looking-Glass* in Esperanto, tr. Donald Broadribb, 2012

Les Aventures d'Alice au pays des merveilles, *Alice* in French, tr. Henri Bué, 2015

L's Aventuthes d'Alice en Êmèrvil'lie,
Alice in Jèrriais, tr. Geraint Williams, 2012

L'Travèrs du Mitheux et chein qu'Alice y dêmuchit,
Looking-Glass in Jèrriais, tr. Geraint Williams, 2012

Алисэ Телъыджэщӏым зэрышыӏар (Alisė Telʺydzhėshchḣym
zėryshyḣar), *Alice* in Kabardian, tr. Murat Temyr & Murat Brat, 2020

Алиса Къужур Дунияны Къыдырады (Alisa Qujur Duniyanı
Qıdıradı), *Alice* in Karachay-Balkar, tr. Magomet Gekki, 2019

Әлисәниң ғажайып елдегі басынан кешкендері (Älïsäniñ ğajaуıp
eldegi basınan keşkenderi), *Alice* in Kazakh, tr. Fatima Moldashova, 2016

Алисаның Хайхастар Чирінзер чорығы (Alïsanıñ Hayhastar Çirinzer
çorığı), *Alice* in Khakas, tr. Maria Çertykova, 2017

Алисакöд Шемöсмуын лоöмторъяс (Alisaköd Šemösmuyn loömtorʺias),
Alice in Komi-Zyrian, tr. Evgenii Tsypanov & Elena Eltsova, 2018

Алисанын Кызыктар Өлкөсүндөгү укмуштуу окуялары
(Alisanın Kızıktar Ölkösündögü ukmuştuu okuyaları),
Alice in Kyrgyz, tr. Aida Egemberdieva, 2016

Las Aventuras de Alisia en el Paiz de las Maraviyas,
Alice in Ladino, tr. Avner Perez, 2016

לאס אב׳יינטוראס די אליסייה אין איל פאיס די לאס מאראב׳ילייאס
(Las Aventuras de Alisia en el Paiz de las Maraviyas),
Alice in Ladino, tr. Avner Perez, 2016

Alisis pīdzeivuojumi Breinumu zemē,
Alice in Latgalian, tr. Evika Muizniece, 2015

Alicia in Terrā Mīrābilī, *Alice* in Latin, tr. Clive Harcourt Carruthers, 2011

Alicia in Terrā Mīrābilī: Ēditiō Bilinguis Latīna et Anglica,
Alice in Latin, bilingual edition, tr. Clive Harcourt Carruthers, 2018

Aliciae per Speculum Trānsitus (Quaeque Ibi Invēnit),
Looking-Glass in Latin, tr. Clive Harcourt Carruthers, forthcoming

Alisa-ney Aventuras in Divalanda, *Alice* in Lingua de Planeta (Lidepla), tr.
Anastasia Lysenko & Dmitry Ivanov, 2014